a mio padre

Andrea Garuti
CARDINAL POINTS

Editorial Coordination
Eleonora Pasqui

Translations
Judith Mundell

DAMIANI

Damiani editore
via Zanardi, 376
40131 Bologna, Italy
t. +39 051 63 56 811
f. +39 051 63 47 188
info@damianieditore.it
www.damianieditore.com

ISBN 978-88-6208-194-8

Printed in June 2011 by Grafiche Damiani, Bologna, Italy.

Andrea Garuti

CARDINAL POINTS

DAMIANI

Il giullare di immagini non può morire

di Andrea Salvatici

Le fotografie raccolte nel nuovo libro di Andrea Garuti, svelano la dimensione più illusoria, intima e inquieta di città come Berlino, Las Vegas, il Cairo e Hong Kong. I suoi scatti non offrono una rappresentazione speculare della realtà, ma creano piuttosto una visione personale dell'autore. Che cosa sfugge all'autore? Che cosa vuole cogliere nelle sue fotografie? Perché le sue città non esistono realmente eppure suscitano curiosità? Le immagini di *Cardinal Points* pongono domande su quegli spazi dove l'essere umano consuma qualcosa delle sua vita nella routine quotidiana, dove il movimento nevrotico dell'agire moderno trasforma i tratti delle persone in particolari per molti insignificanti, ma per l'autore necessari per cogliere la vita di una città. Sono domande importanti per capire il viaggio che ha compiuto l'autore. Cacciatore disposto a girare il mondo per carpire qualcosa che gli sfuggirà sempre...l'ultima immagine, appagante, l'arrivo, la risposta alle sue intime domande. Sa che la città è un luogo moderno e profondamente artistico nella sua semplicità urbana. Andrea Garuti è capace di instaurare un rapporto diretto con oggetti apparentemente insignificanti, ma che per l'autore acquistano un valore evocativo importante. Quindi un'anonima fila di sedie di plastica abbandonate sotto a dei cartelloni pubblicitari fanno immaginare una serata all'aperto, una storia, un racconto, mostrano un luogo dove la gente ha condiviso qualcosa di umano. Cogliere in quegli oggetti inanimati e trascurati sguardi, sorrisi e baci clandestini è qualcosa di straordinario e potente. Rendere una fila di sedie di plastica, la struttura portante di un edificio è qualcosa di poetico e di unico. La ricerca fotografica di Garuti offre la possibilità di scoprire e di sentire un movimento, una circolazione fatta di macchine, di persone, come dire di sangue urbano, che si muove velocemente nelle arterie di una città. Queste città non sono immobili, non sono dei monumenti da contemplare semplicemente, sono spazi dove una banale insegna luminosa suscita sopite emozioni. Le sue strade sono le vene di un movimento, che amalgama qualcosa che gli sfugge. Eppure continua nella sua ricerca. In fondo questa raccolta è un tentativo, una sfida che tende a spogliare il reale, il riconosciuto, ciò che non si può mettere in discussione. Garuti insiste nella sua ricerca personale: trascura il reale per cercare nei suoi scatti l'incertezza, l'impossibilità di categorizzare. E' un alchimista capace di trasformare l'architettura moderna fatta di strade, edifici e di piazze in un movimento potente e destabilizzante. Non cerca nelle sue immagini nessun compromesso, cerca forse di dare spazio alla sua inquietudine, di afferrare qualcosa che fa parte del suo sentire, della sua ricerca. Sa che ne uscirà sconfitto un'altra volta, ma non demorde e continua a provocare e forzare quelle geometrie solide sfuocandole, cambiandole nel suo linguaggio, dove l'essere umano è passeggero e transitorio e quasi inutile. Le sue città non hanno bisogno della presenza delle persone e del reale, le sue città hanno bisogno di vivere solo quel movimento che non possiede un nome proprio. Quel flusso, quel caleidoscopio fatto di edifici, insegne pubblicitarie, di macchine, di uomini è il sangue dove la sua fotografia, la sua arte, la sua visione si incontra nella meraviglia, nello stupore di cogliere un oggetto, una facciata anonima e inosservata. Assembla immagini perché il suo desiderio è in un frammento urbano. Un frammento sfuocato, ma intriso di movimento interiore e di inquietudine. La sua città è fatta di sensazioni, di scatole vuote, di incertezze, è un enigma che continuerà a sollecitarlo nella sua ricerca. Questo libro ci fa capire che non c'è separazione fra arte e vita. Andrea Garuti è un giullare che gioca, che canta, che trasforma, che sfuoca nel movimento la nostra più antica e friabile ambizione di costruire città come segni di immortalità. L'autore rovescia questo pensiero e si affida a costruire, con spirito d'avventura, la città più difficile e più profonda da abitare: la sua anima. I giullari non possono morire perché rendono tutto ciò che è ridicolo e insignificante, necessario e straordinario. Come trasformare una fila di sedie nella città del Cairo in persone, ballerini, amanti, assassini prima del ballo. Come dare movimento ad una piramide nel deserto. E questo lo può fare solo un giullare dell'immagine che vede l'arte ovunque.

The jester of images must not die

by Andrea Salvatici

The photographs collected in Andrea Garuti's new book reveal the most illusory, intimate and restless dimension of cities like Berlin, Las Vegas, Cairo and Hong Kong. His pictures are not a mirror image of reality but instead create a personal vision of the artist. What escapes the artist? What does he wish to capture in his photographs? Why is it that his cities do not actually exist and yet stir our curiosity? The images in *Cardinal Points* raise questions about those spaces where a human being consumes something of his life with his everyday routine, where the frenzy of modern living transforms people's features into details which are insignificant for many but for the artist necessary in order to understand the life of a city. They are important questions if we want to understand the journey the artist has made. A hunter willing to travel the world in order to snatch at something which will always escape him... the last satisfying picture, the arrival, the answer to his innermost questions. He knows that the city is a modern and profoundly artistic place in all its urban simplicity. Andrea Garuti is able to establish a direct rapport with objects that are apparently insignificant but which for the artist acquire an important evocative value. Therefore, an anonymous row of abandoned plastic seats beneath advertising billboards suggest an evening in the open-air, a story, a tale. They show a place where people have shared something human. Capturing looks, smiles and stolen kisses in those inanimate and neglected objects is something extraordinary and powerful. Making a row of plastic seats the base, the load-bearing structure of a building is something poetic and unique. Garuti's photography gives us the opportunity to discover and to feel a movement, a circulation made up of cars, of people, of, how shall we put it, urban blood which moves rapidly through the arteries of the city. These cities are not immobile, they are not monuments to be simply contemplated, they are spaces where commonplace neon sign awakens sleeping emotions. His streets are the veins of a movement, which amalgamates something which escapes him. And yet he continues to seek. After all, this collection is a challenge, an attempt to lay bare what is real, what is known, what really exists and cannot be questioned. Garuti persists in his personal experiment: neglecting reality in order to seek in his photographs the uncertainty, the impossibility of categorizing. He is an alchemist who is able to transform modern architecture that is made up of streets, buildings, squares into powerful and destabilizing movement. He seeks no compromise in his images but perhaps tries to give his restlessness scope, to grasp something which is part of what he feels, what he is seeking. He knows he will only be beaten once again, but he does not give up and continues to challenge and constrain those solid geometries, blurring them, changing them with his language, where the human being is transient and transitory and almost useless. His cities do not require the presence of people and reality, his cities require only to live in that movement which does not have a name of its own. That flow, that kaleidoscope made up of buildings, advertising billboards, cars, men, is the blood where his photography, his art, his vision meet in the wonder, in the astonishment of capturing an object, an anonymous and unobserved facade. He assembles images because his desire lies in an urban fragment. It is a blurred fragment, but imbued with inner movement and agitation. His city is made up of sensations, of empty boxes, of uncertainties. It is an enigma which will continue to spur him to experiment. This book shows us that there is no separation between art and life. In short, Andrea Garuti is a jester who plays, who sings, who transforms, who blurs our most ancient and brittle ambition to build cities as a signs of immortality. The artist turns this idea upside down and, with a spirit of adventure, commits to building the city that is the hardest and deepest to inhabit: his soul. Jesters cannot die because they make everything that is ridiculous and insignificant necessary and extraordinary. Such as transforming a row of seats in the city of Cairo into people, ballerinas, lovers, assassins before the dance. Such as making a pyramid in the desert move. And this can only be done by a jester of the image who sees art everywhere.

NORD

BERLIN

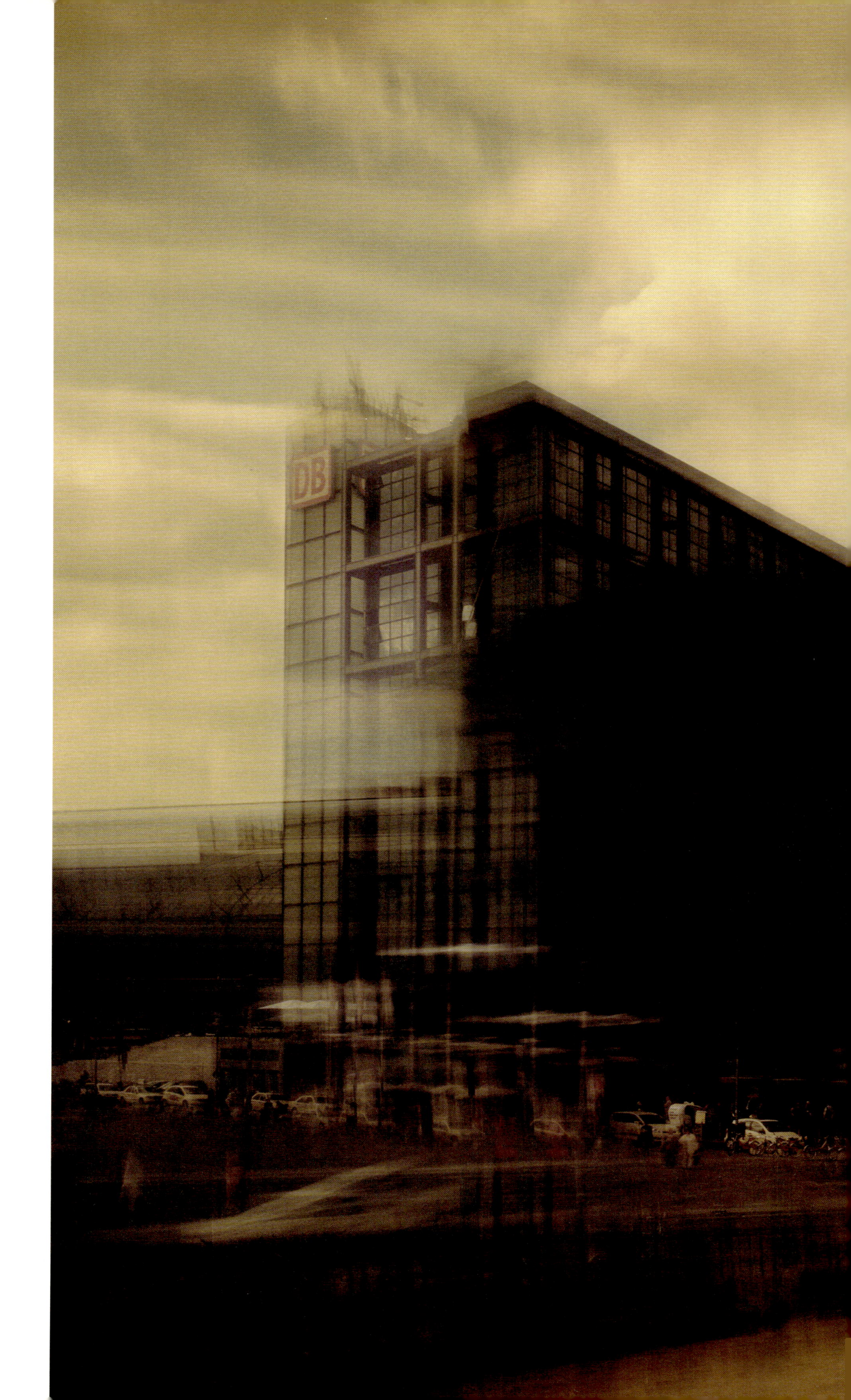
DB

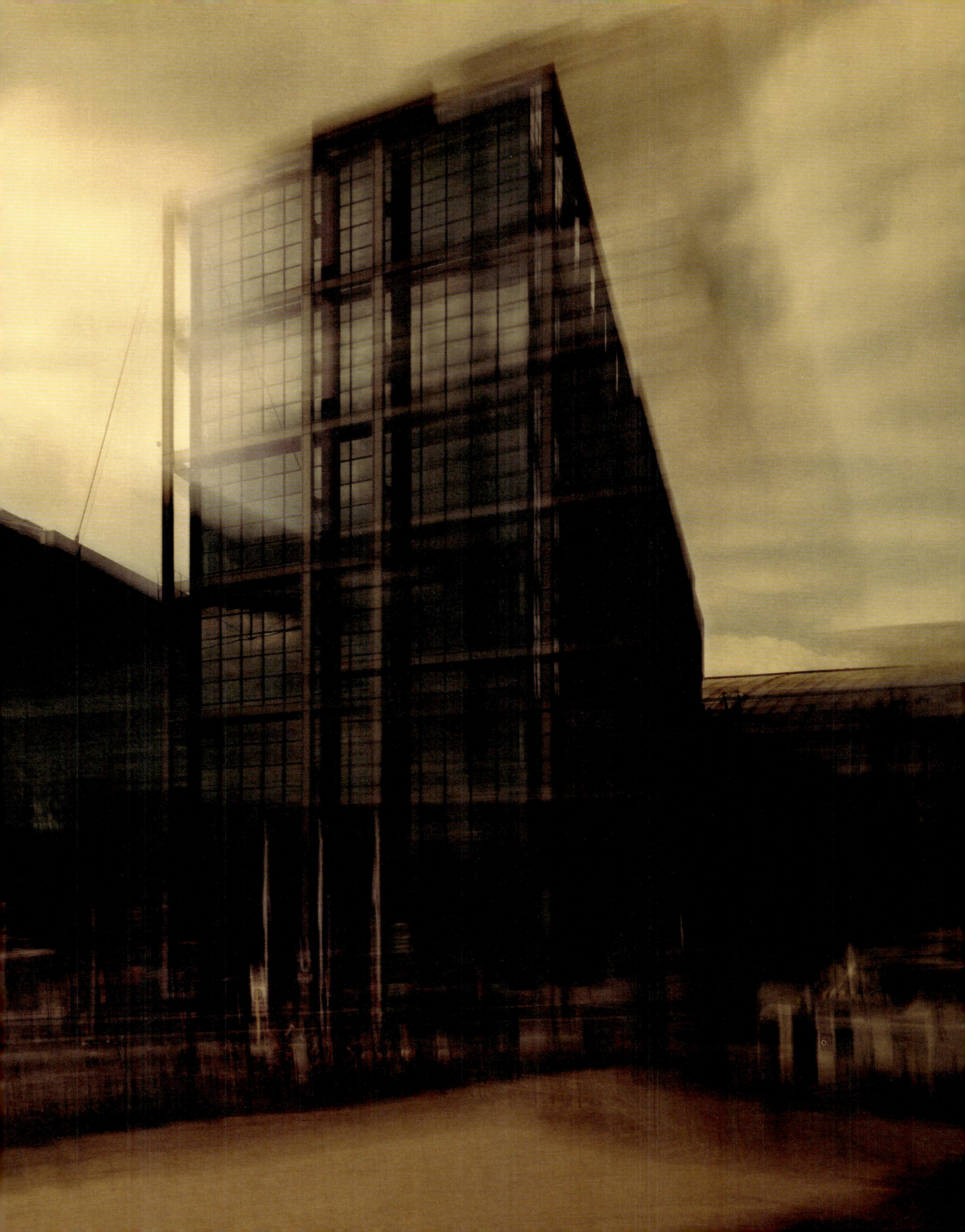

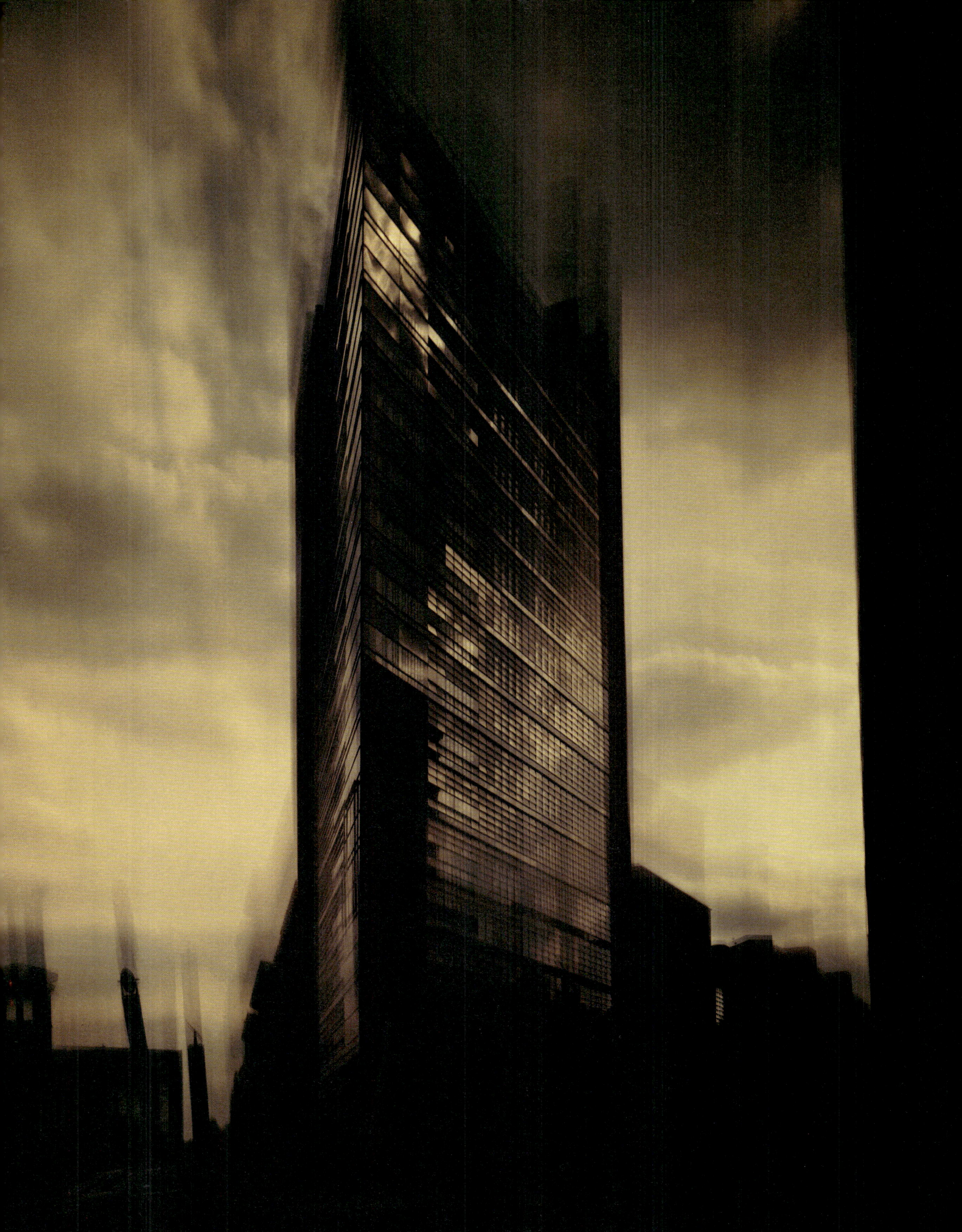

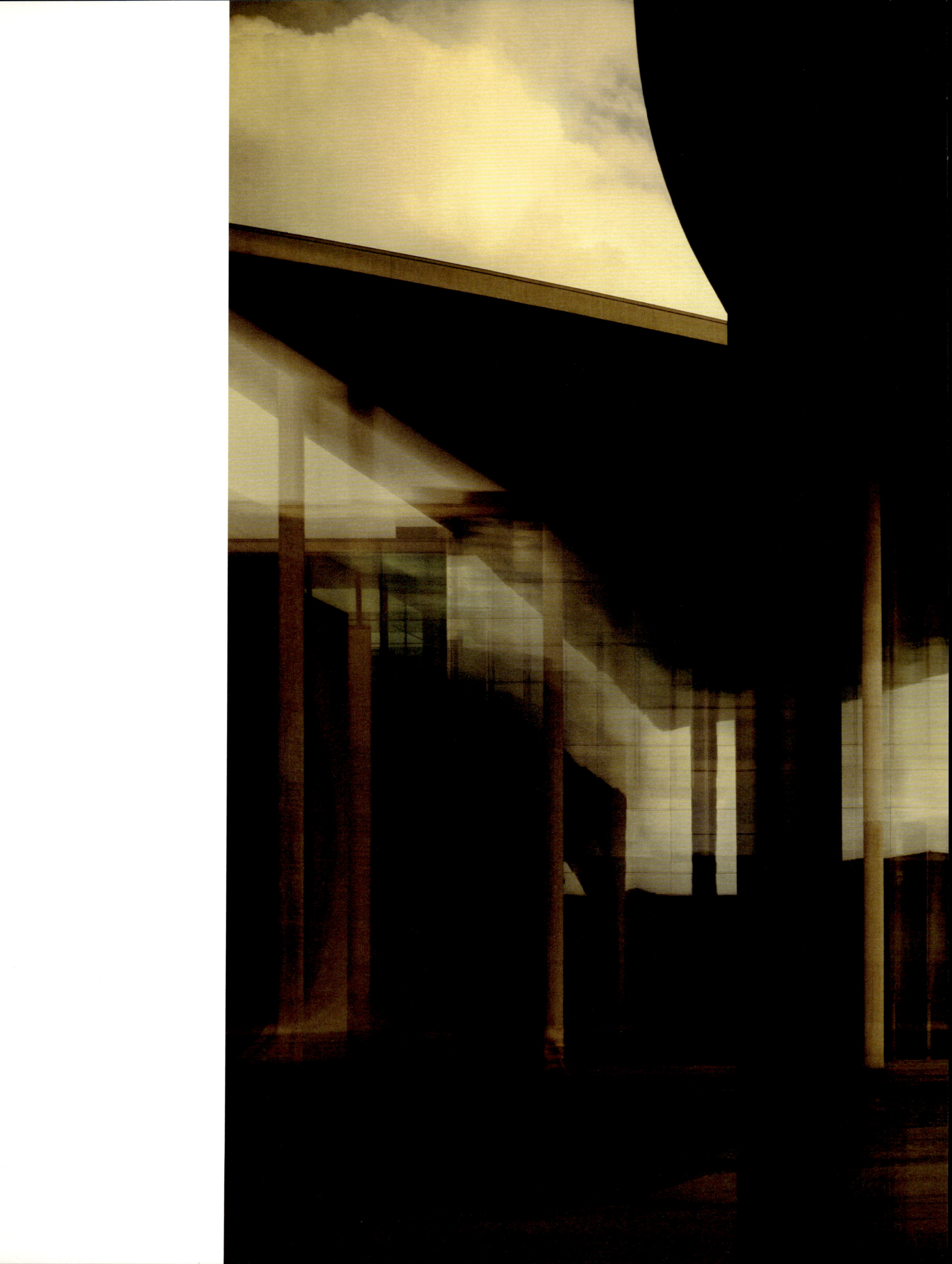

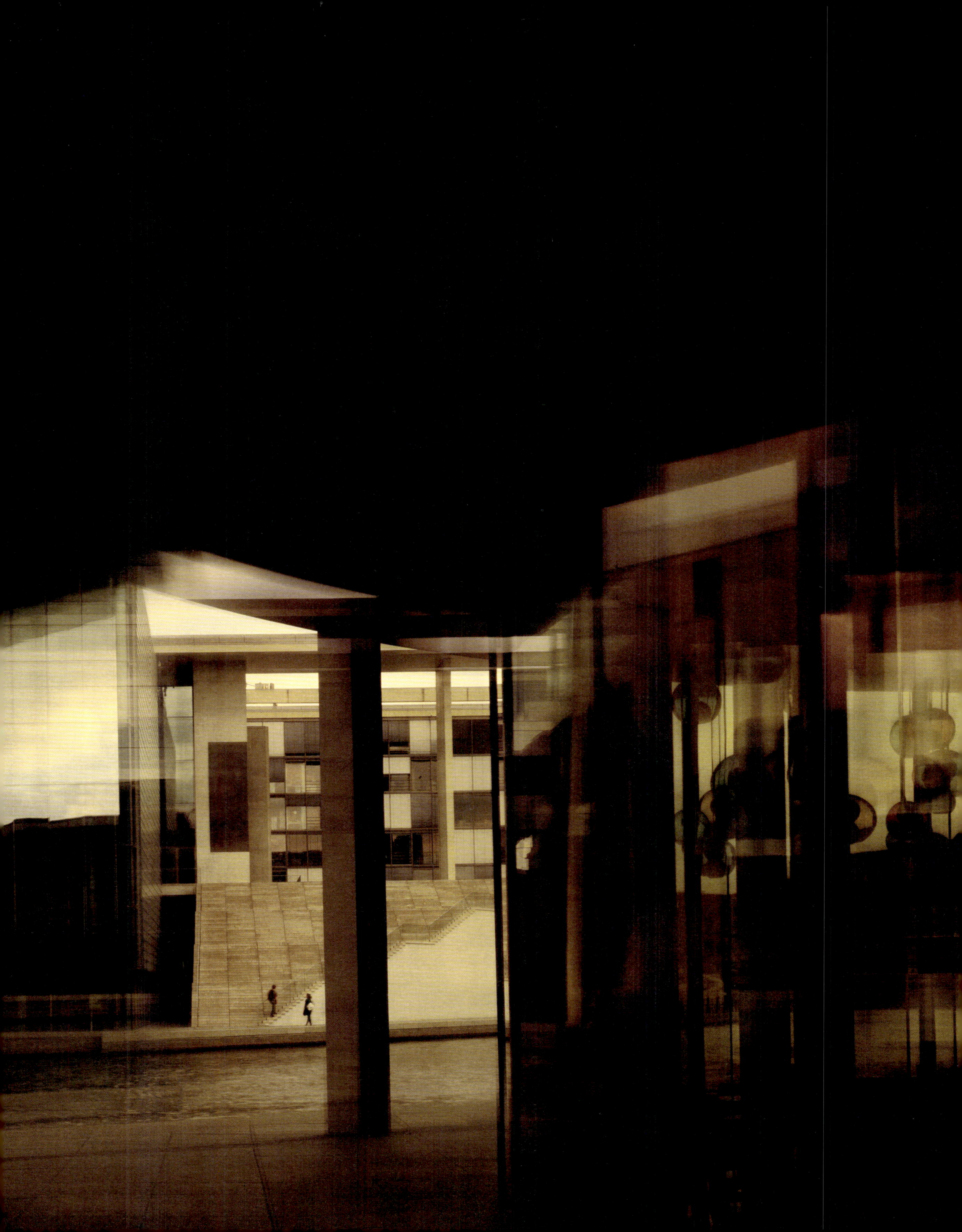

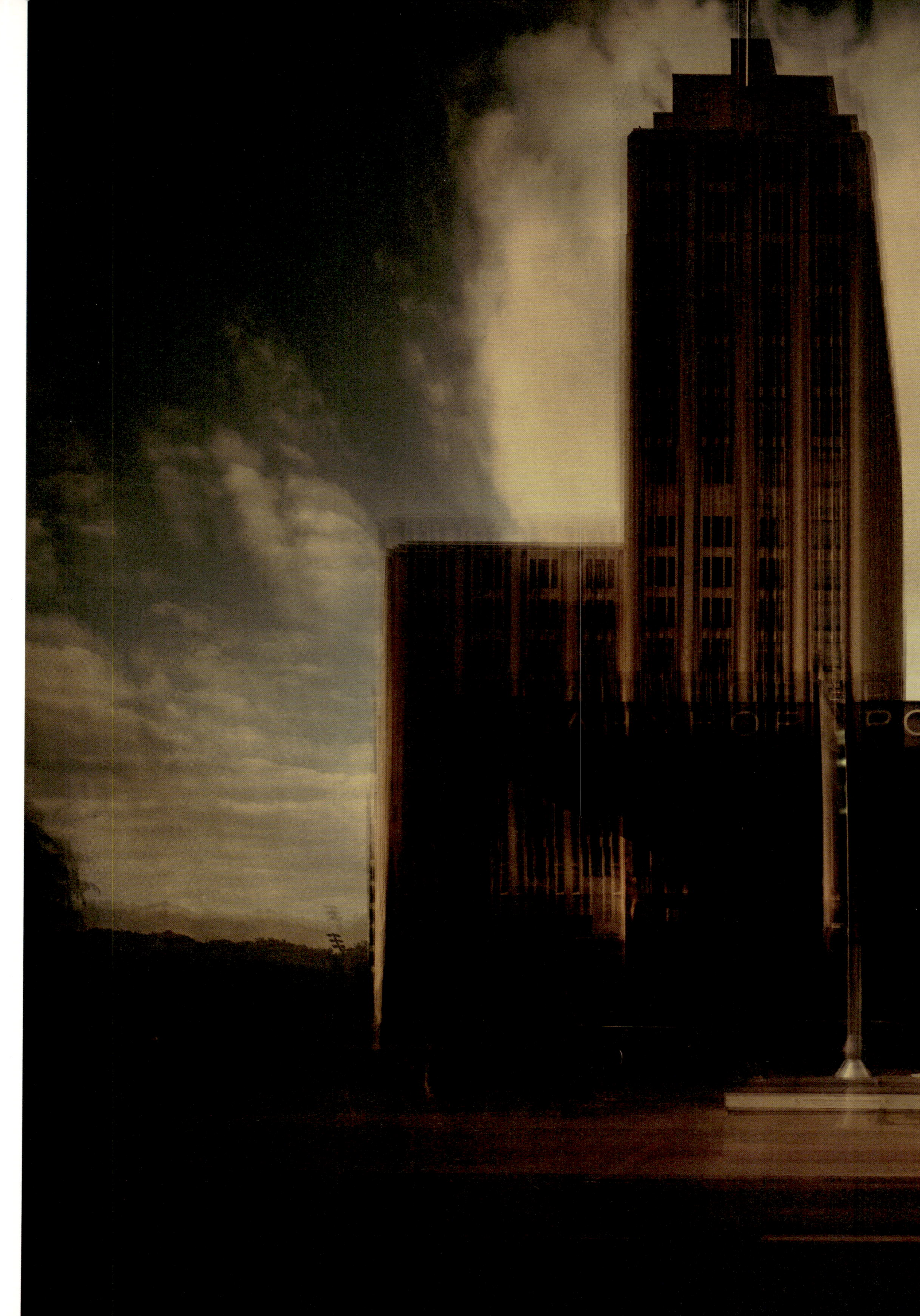

SDAMER PLATZ

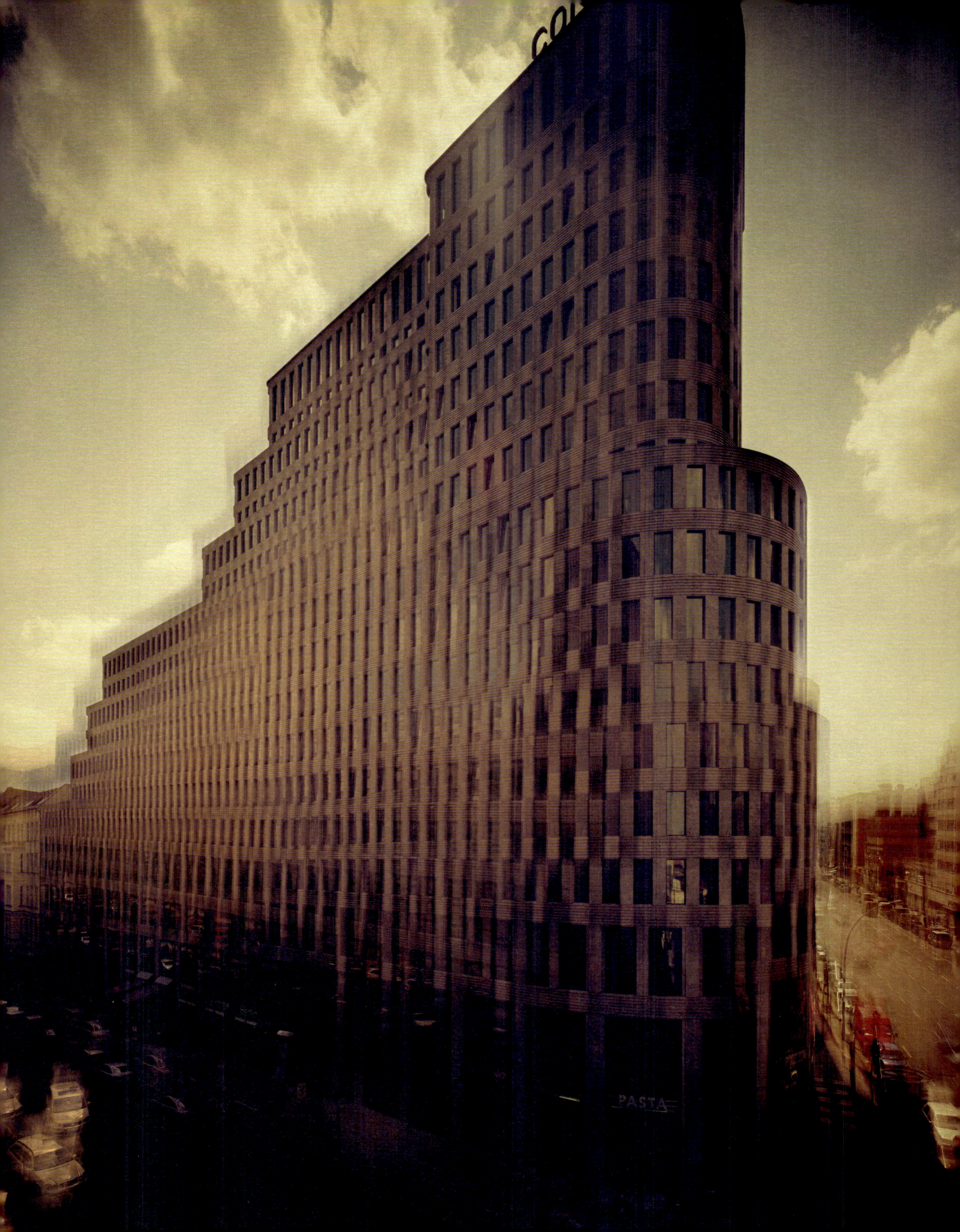
PASTA

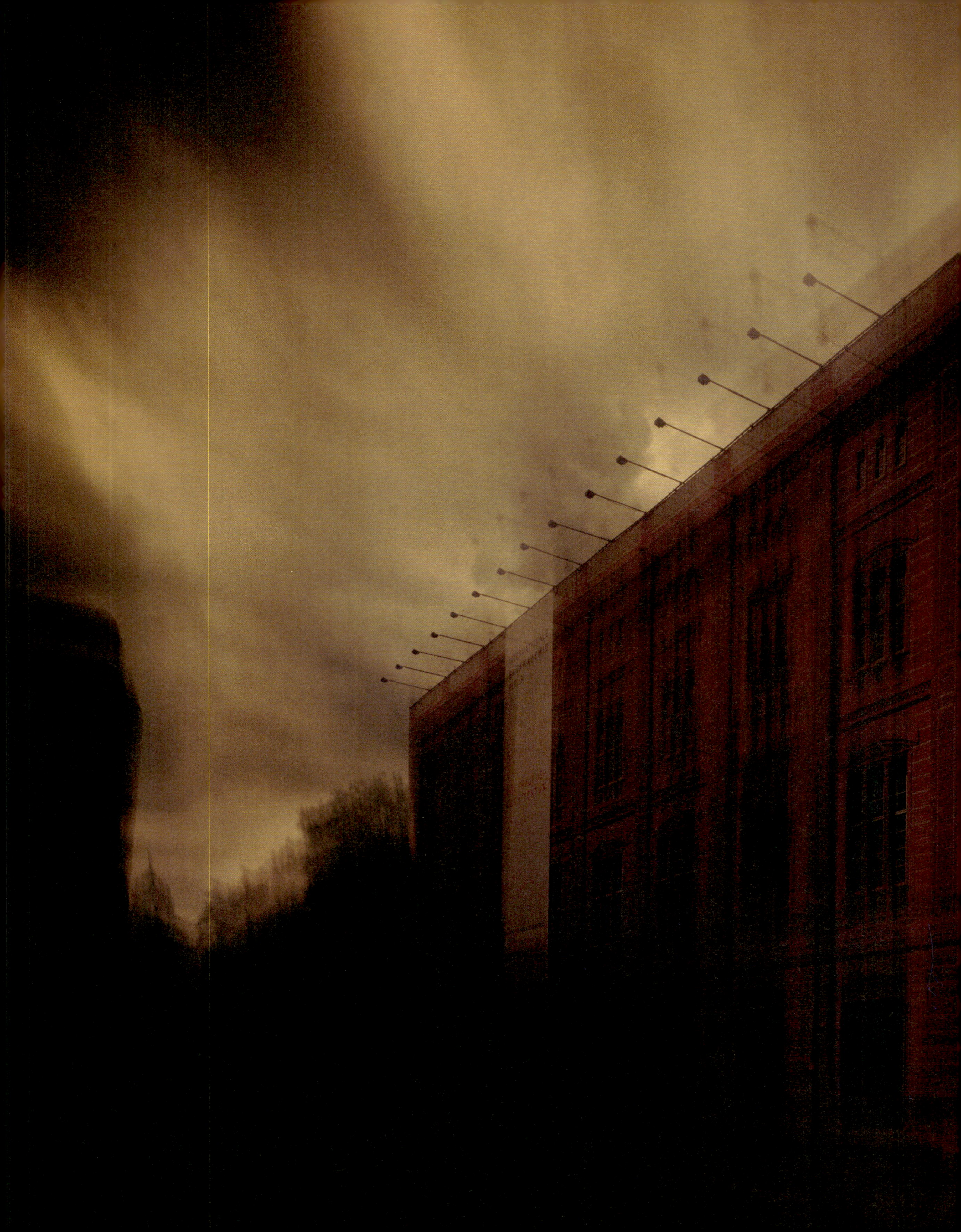

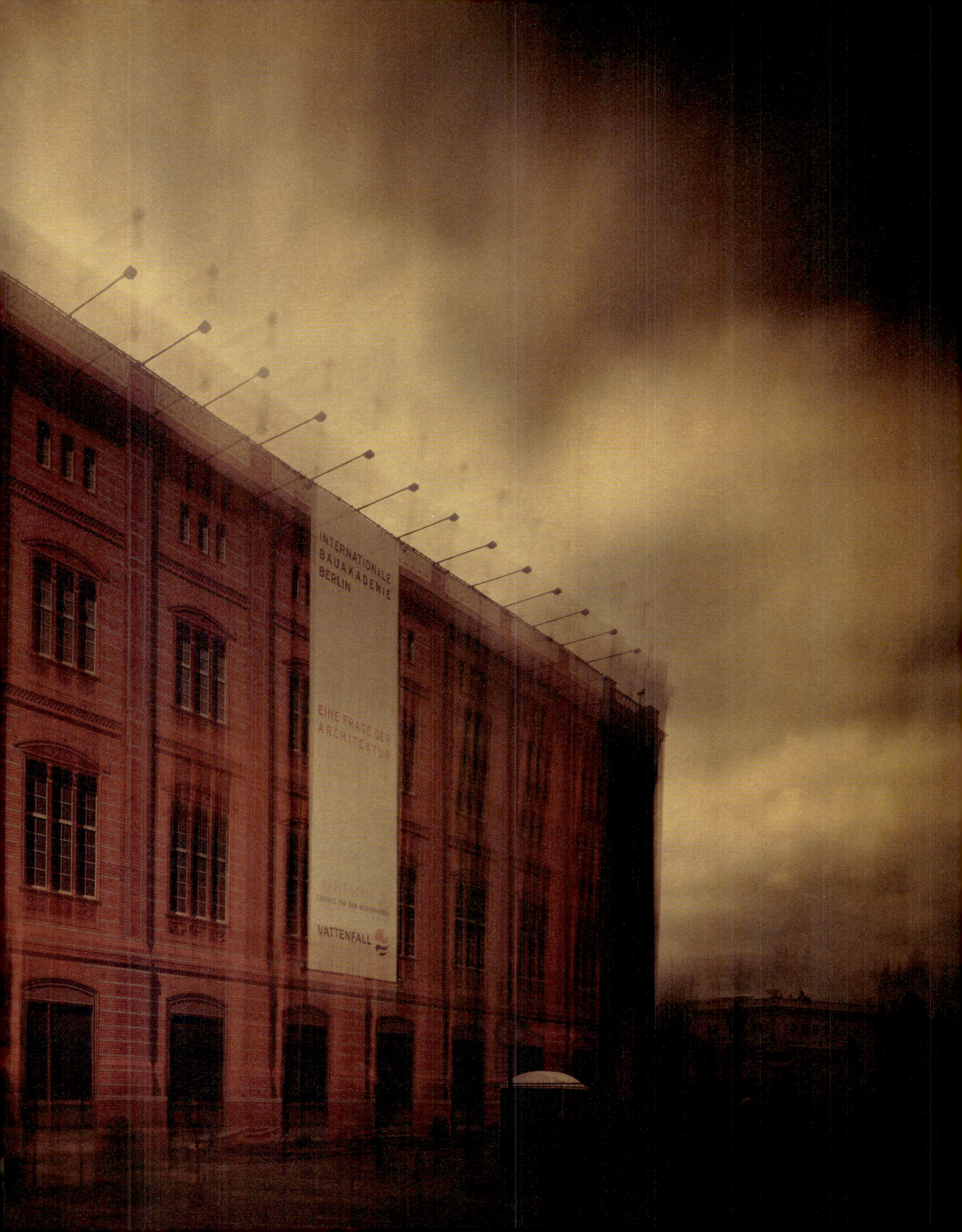
INTERNATIONALE
BAUAKADEMIE
BERLIN
EINE FRAGE DER
ARCHITEKTUR
VATTENFALL

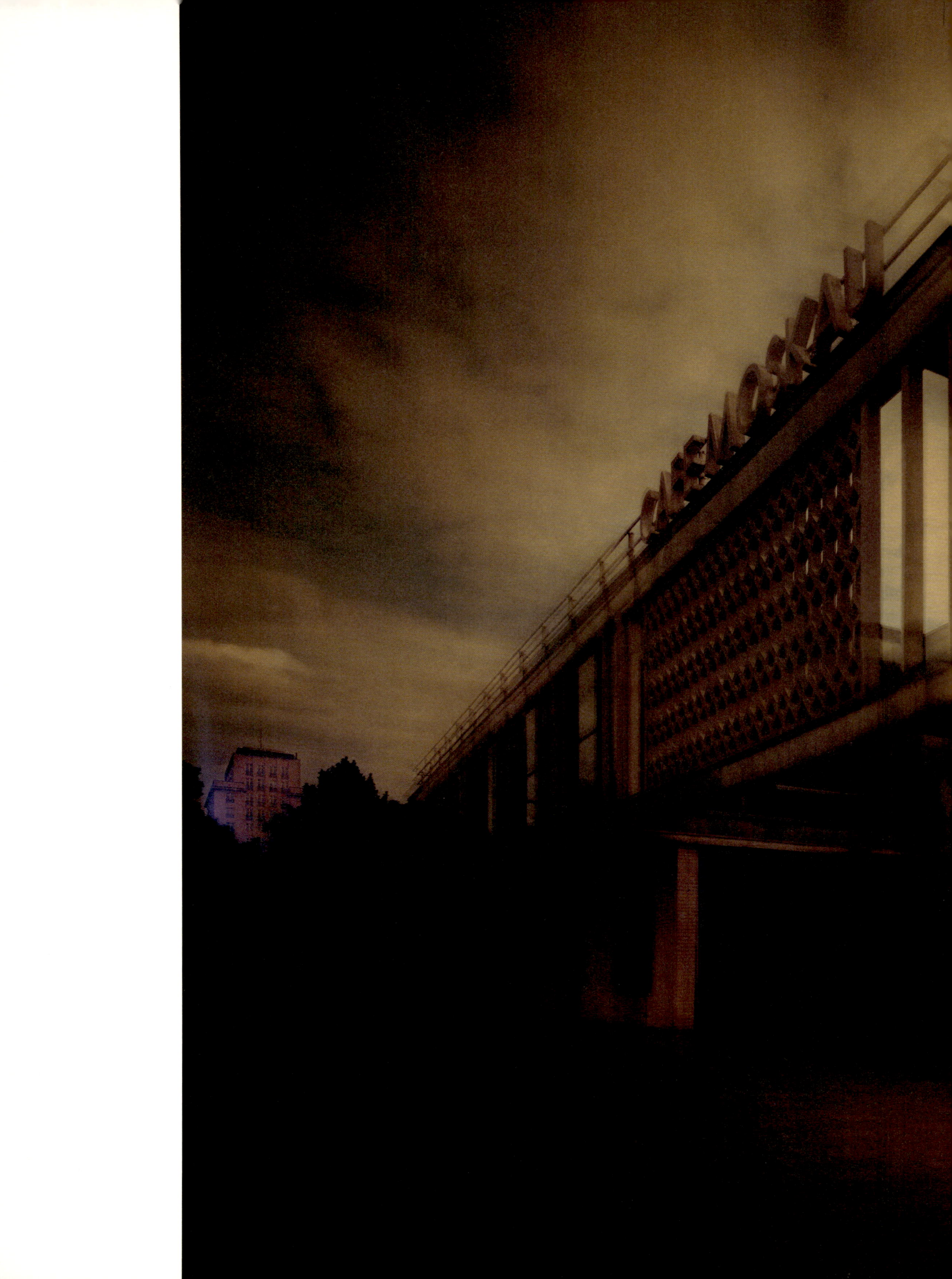
CAFE MOSKAU

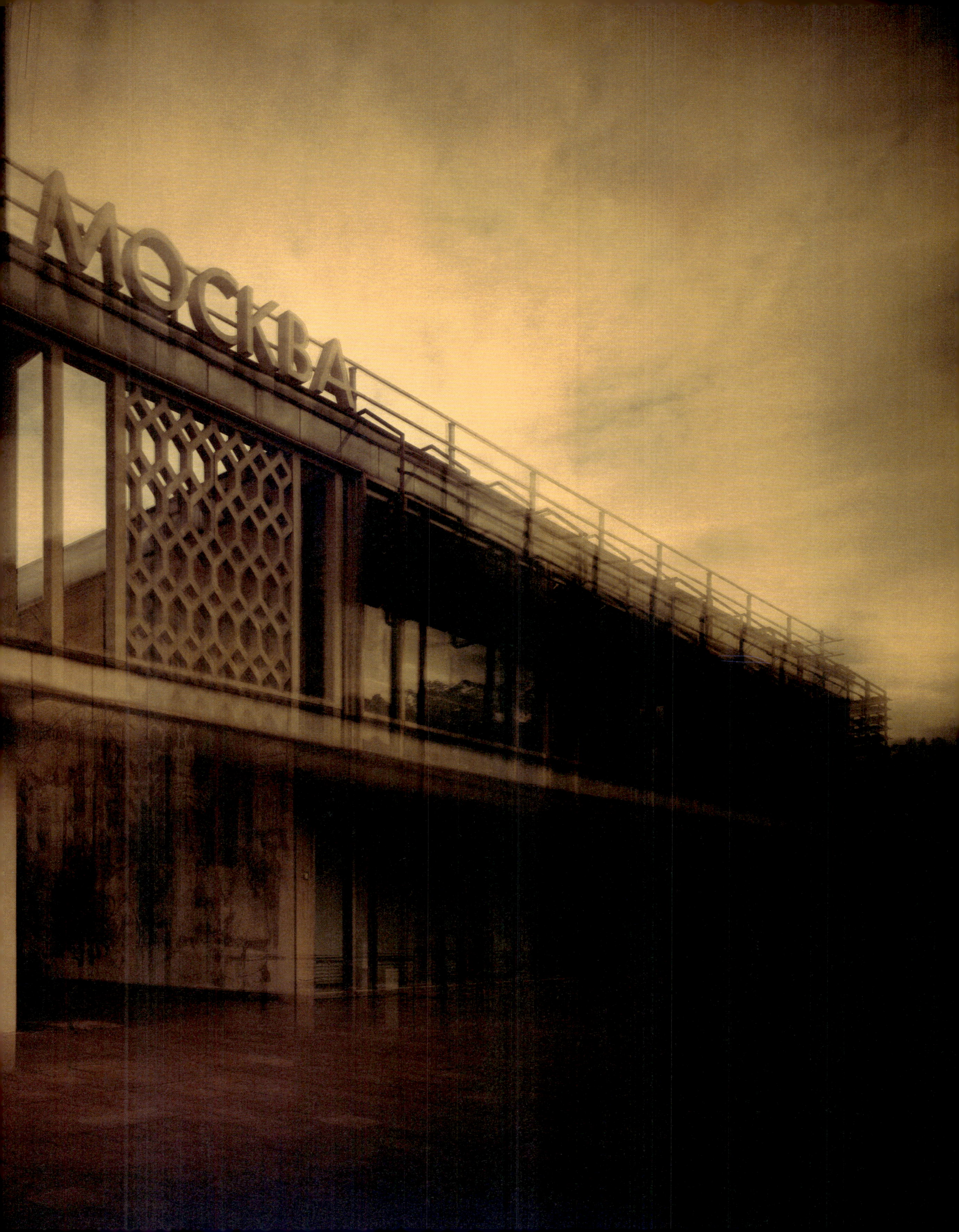
МОСКВА

OHR
VISIONS

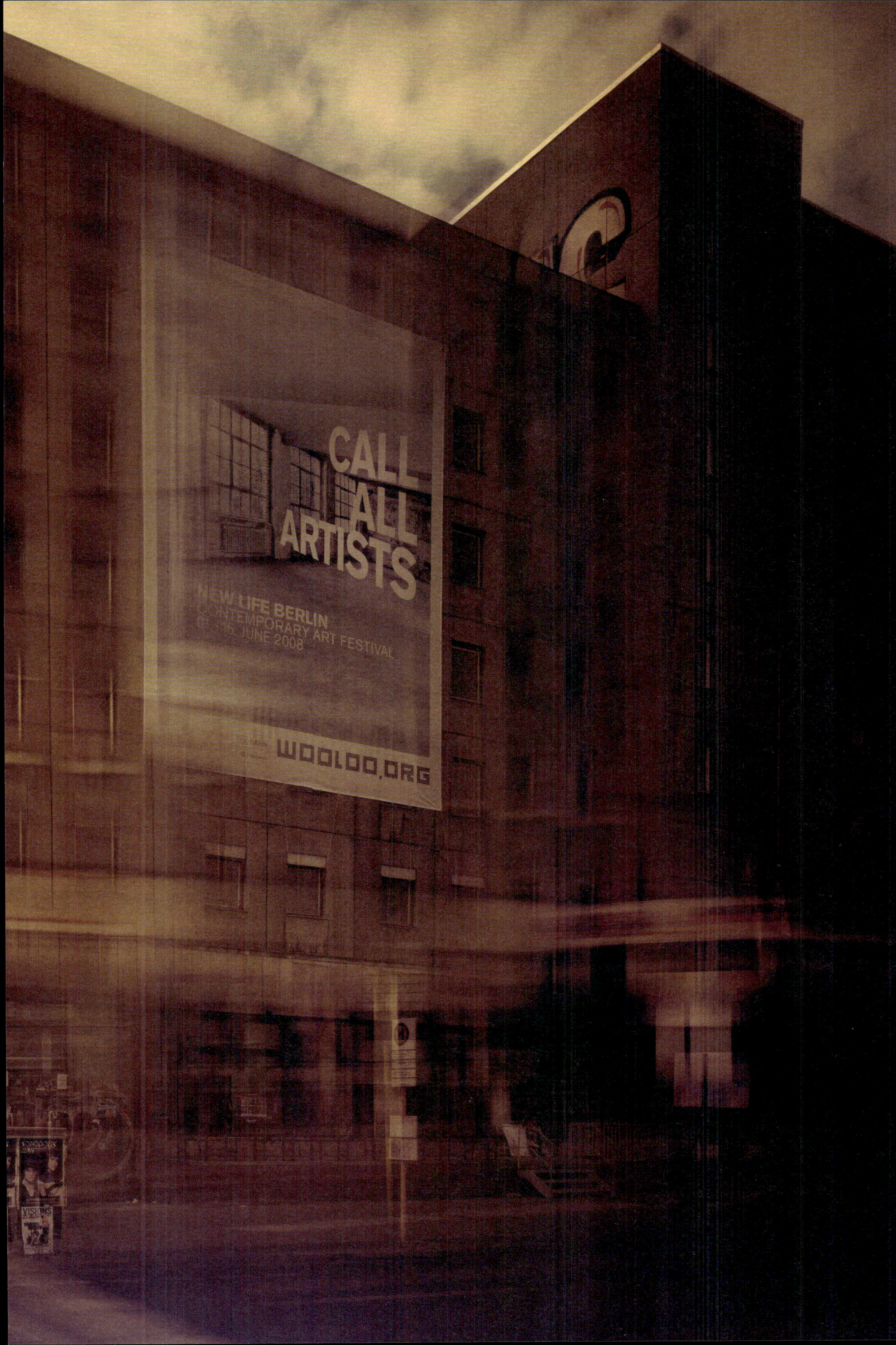
CALL
ALL
ARTISTS
NEW LIFE BERLIN
CONTEMPORARY ART FESTIVAL
JUNE 2008
WOOLOO.ORG

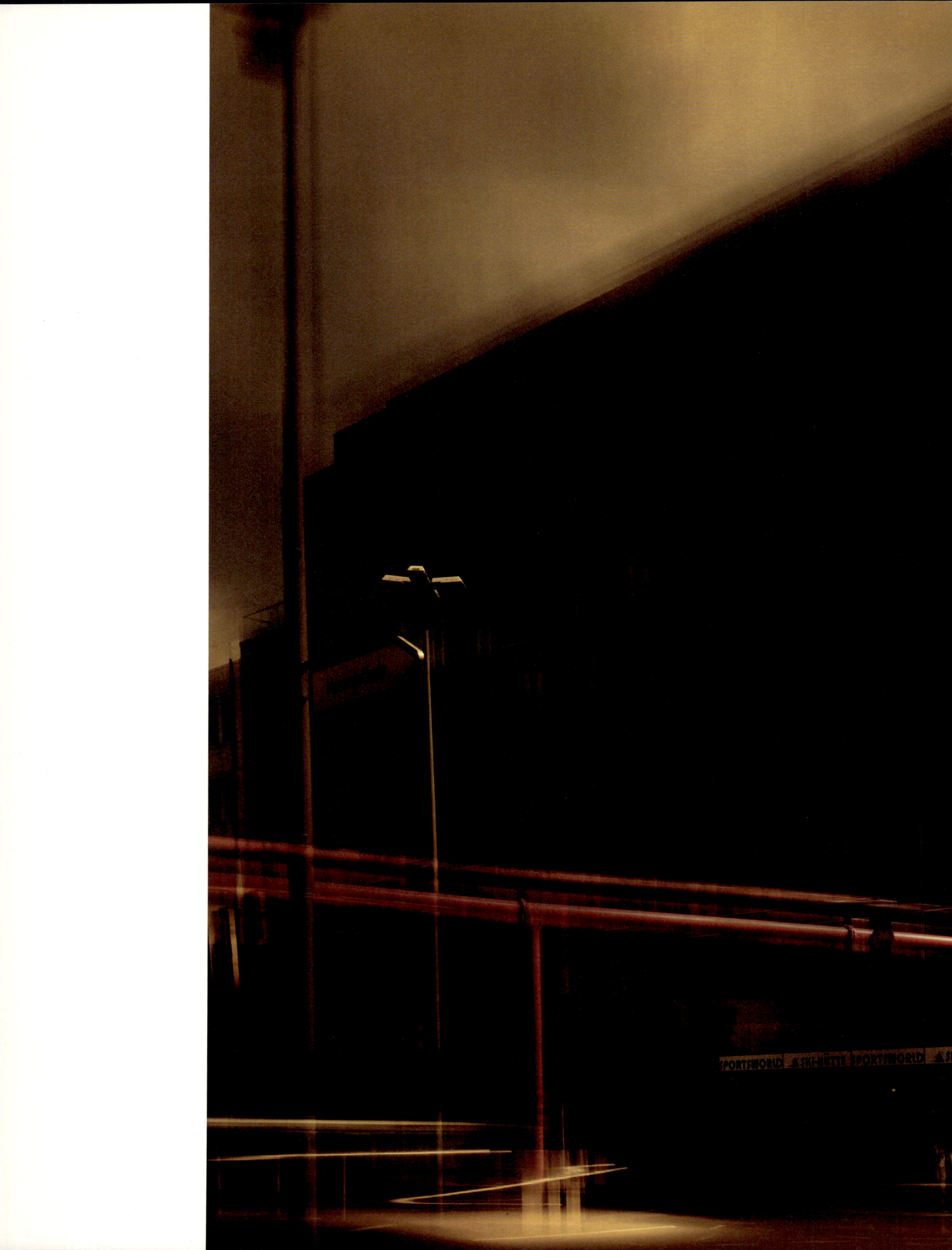
SKI-HÜTTE
SPORTSWORLD

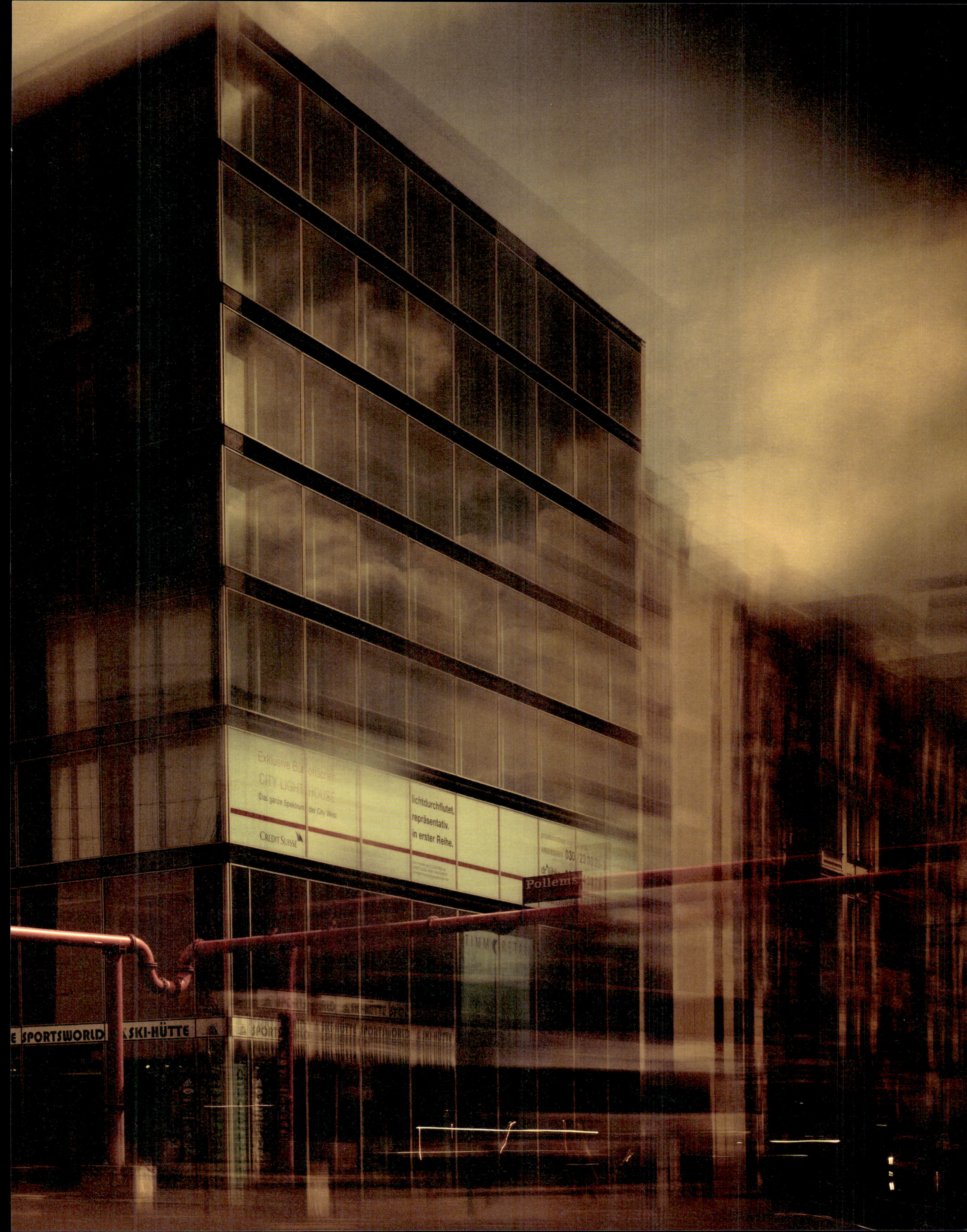
CITY LIGHT HOUSE
Das ganze Spektrum der City West
CREDIT SUISSE
lichtdurchflutet.
repräsentativ.
in erster Reihe.
Pollems
SPORTSWORLD
SKI-HÜTTE

OVEST

LAS VEGAS

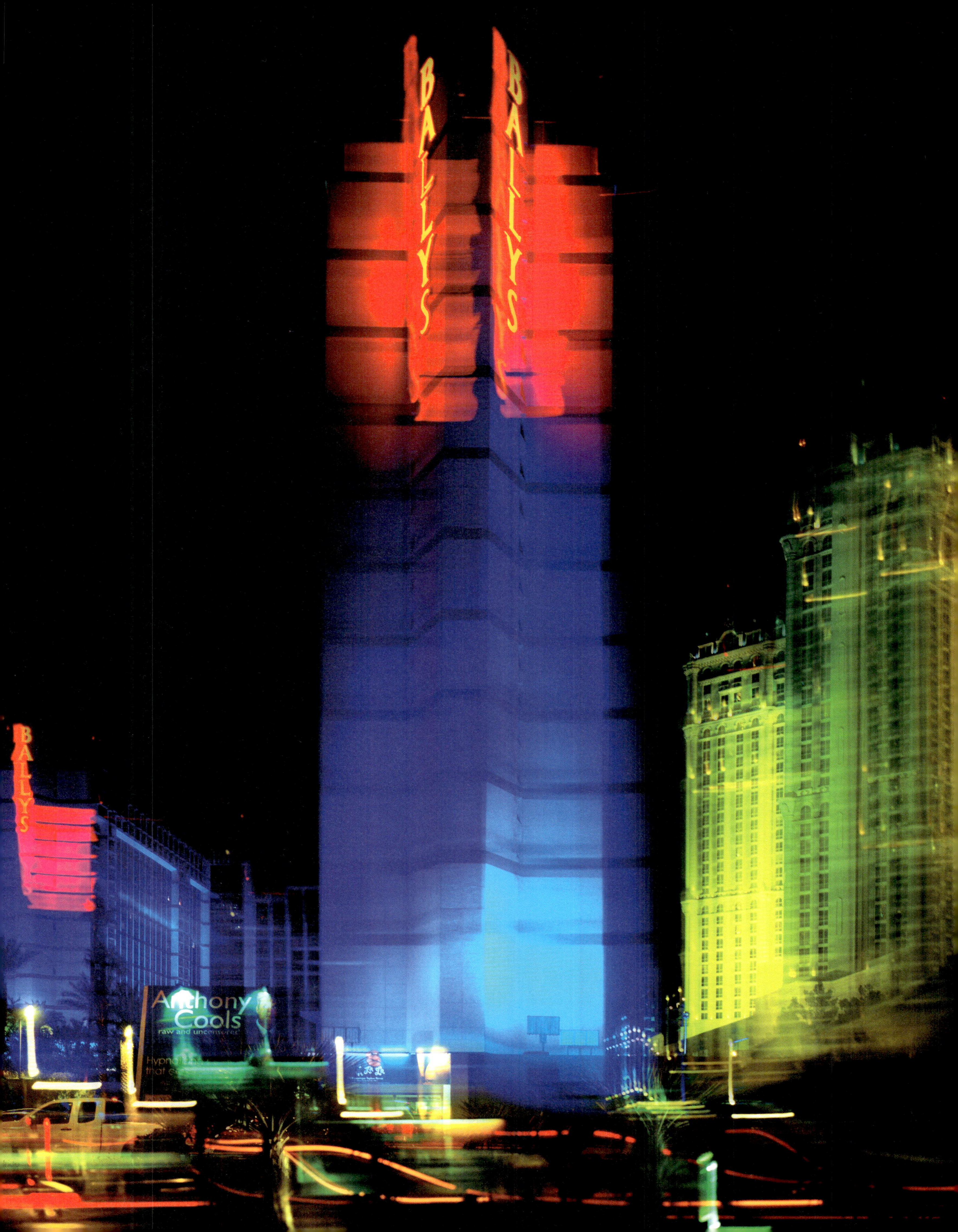
BALLYS
BALLYS
BALLYS
Anthony
Cools

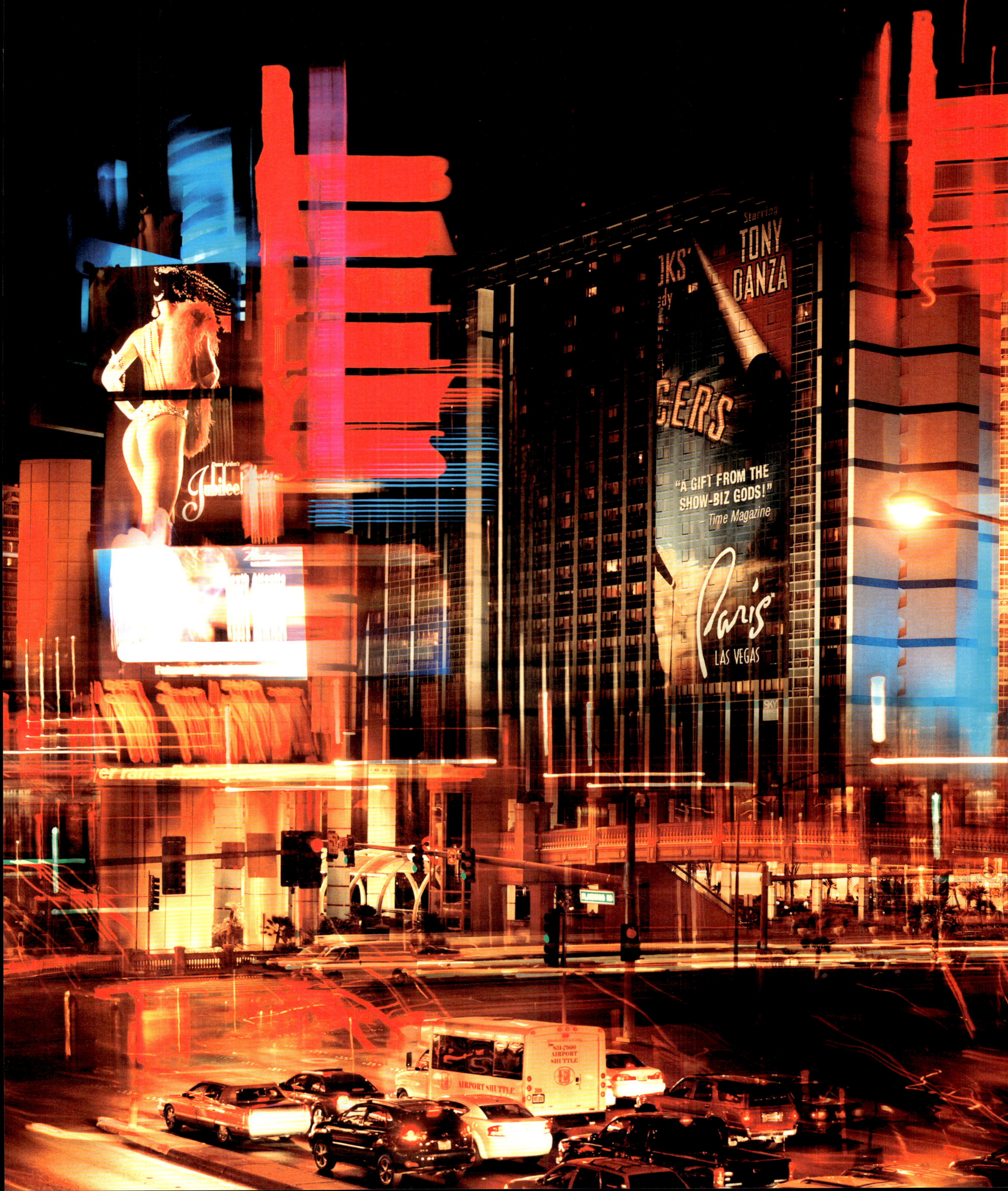
Starring
TONY
DANZA
"A GIFT FROM THE
SHOW-BIZ GODS!"
– Time Magazine
Paris
LAS VEGAS
Jubilee!
AIRPORT SHUTTLE

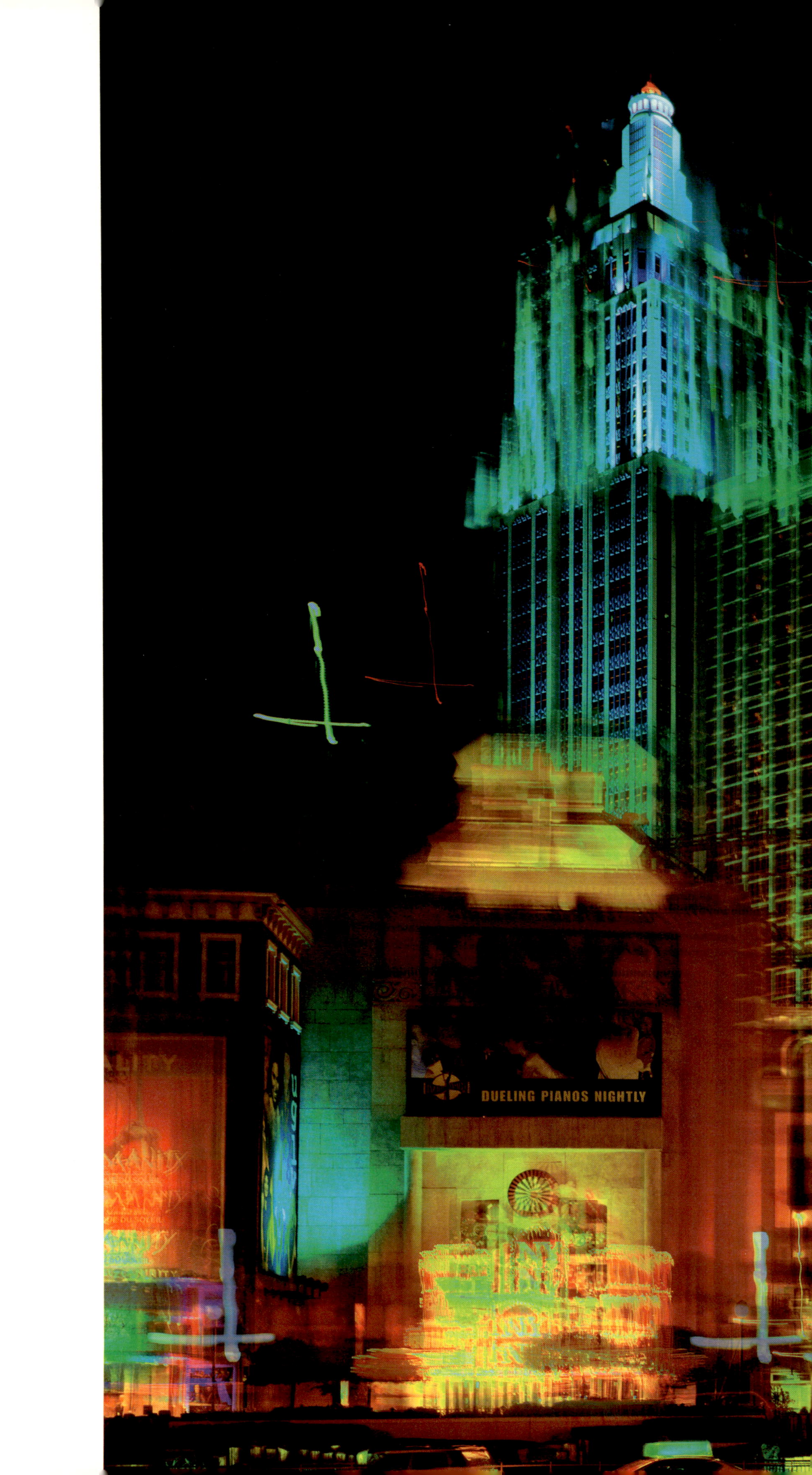
DUELING PIANOS NIGHTLY

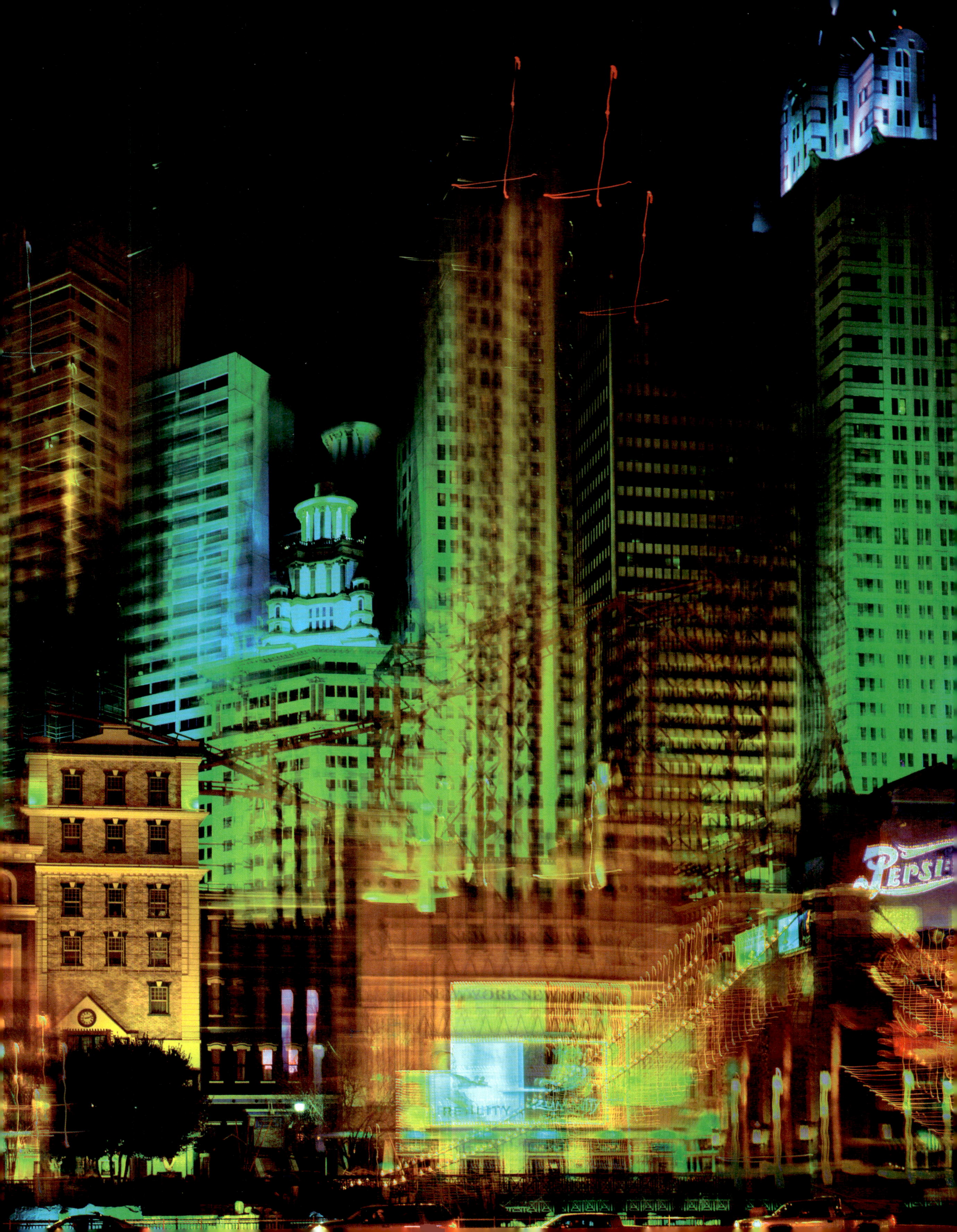

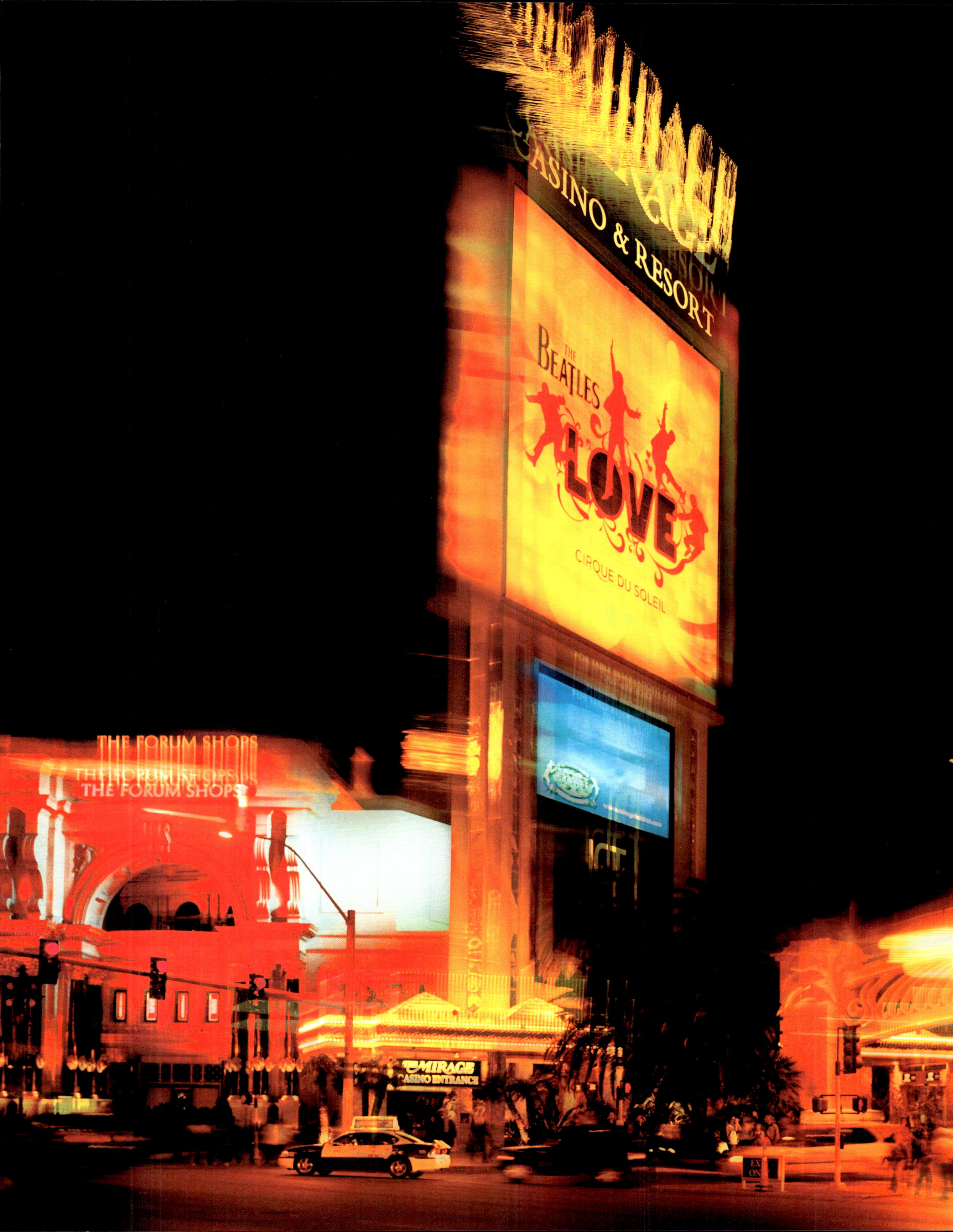
ASINO & RESORT
THE BEATLES
LOVE
CIRQUE DU SOLEIL
THE FORUM SHOPS
THE FORUM SHOPS
MIRAGE
CASINO ENTRANCE

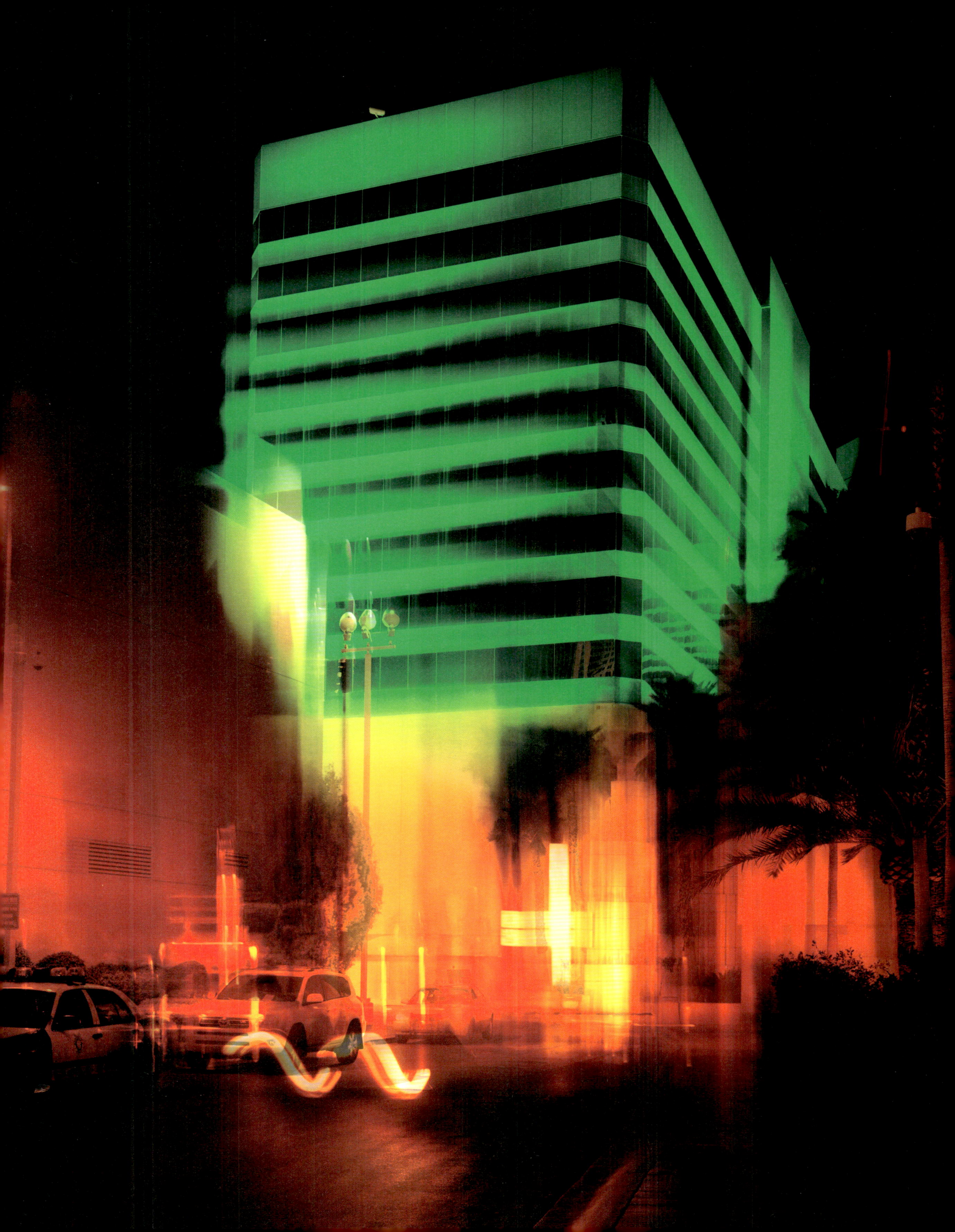

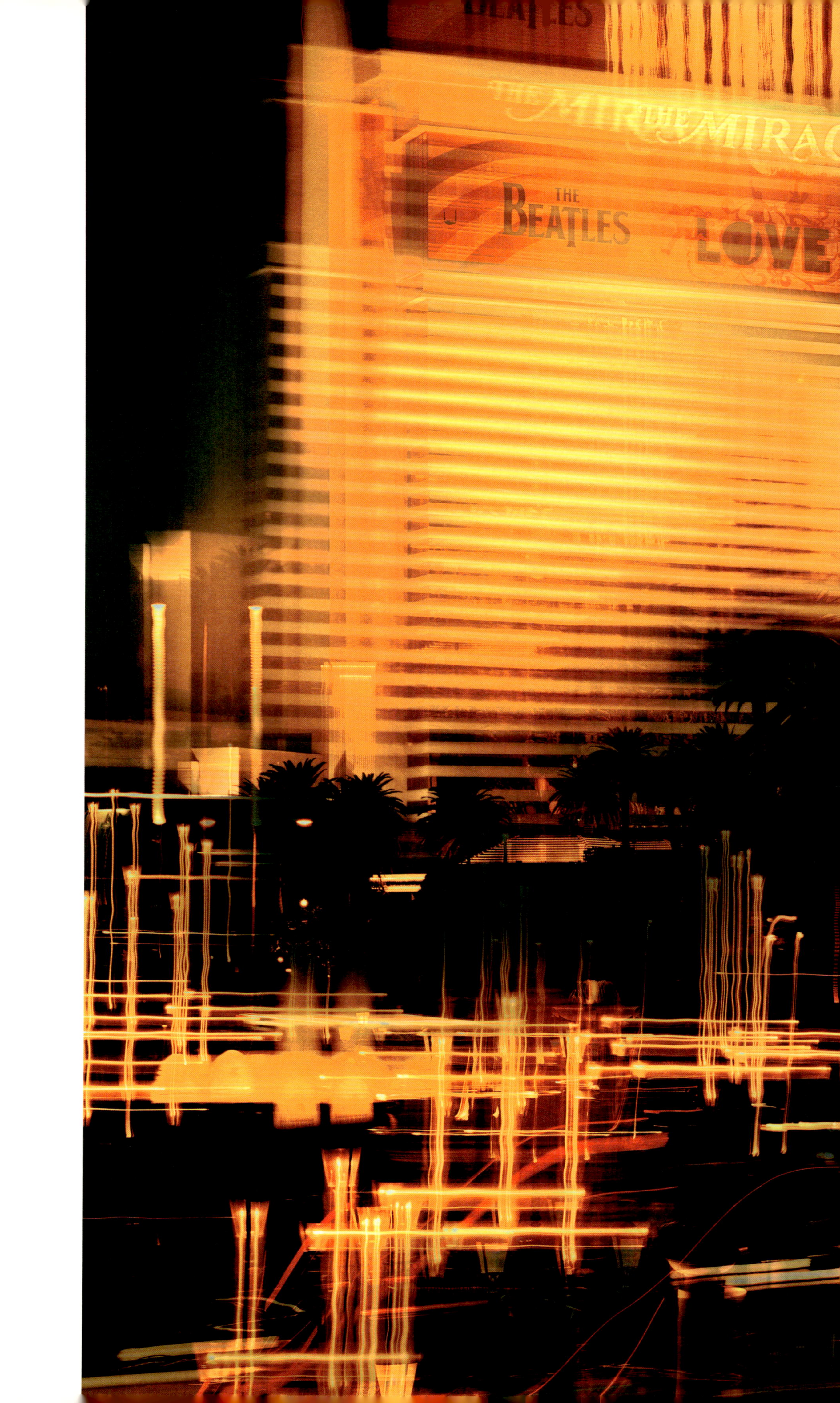
THE BEATLES
LOVE

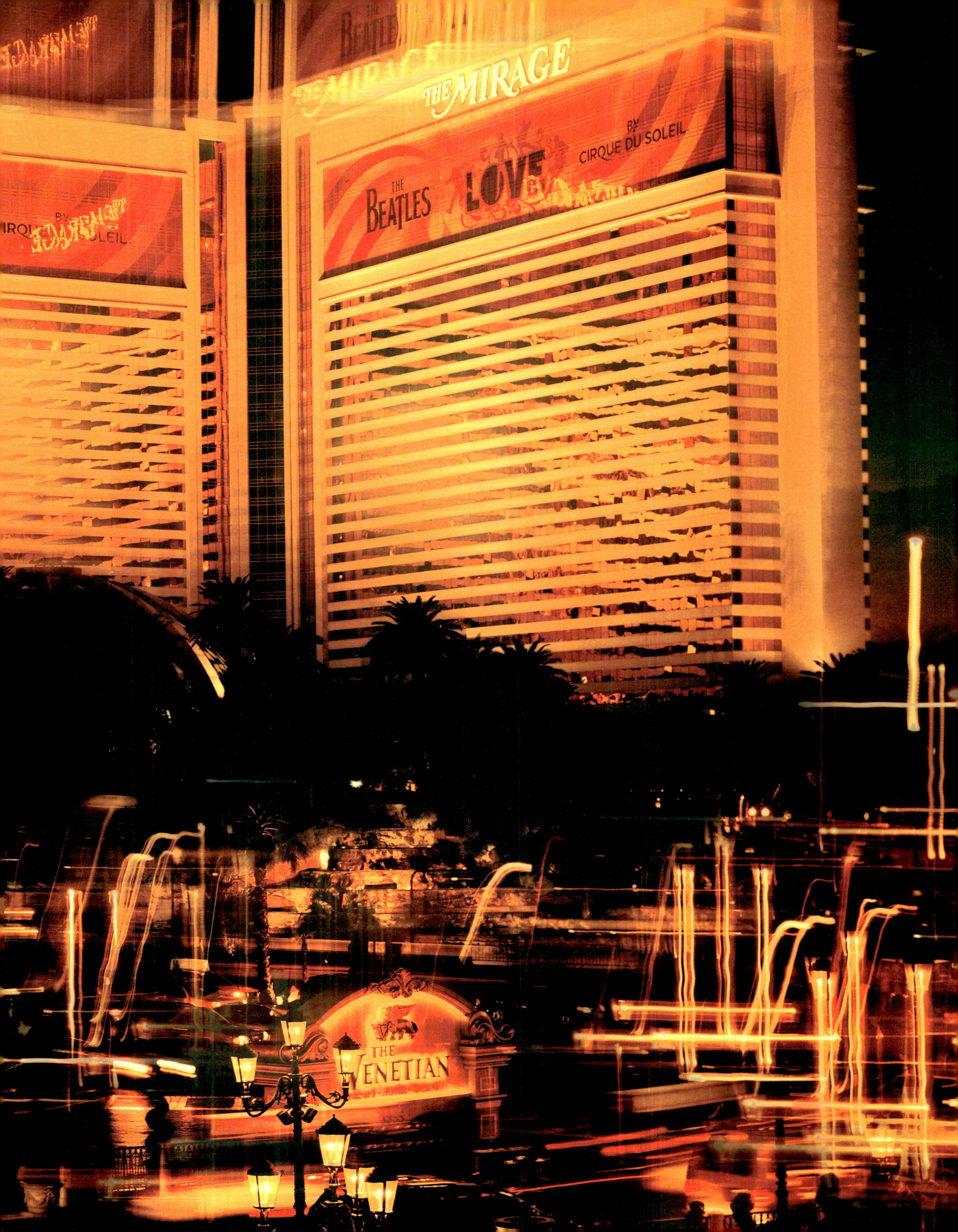
THE MIRAGE
THE BEATLES
LOVE
BY
CIRQUE DU SOLEIL
THE VENETIAN

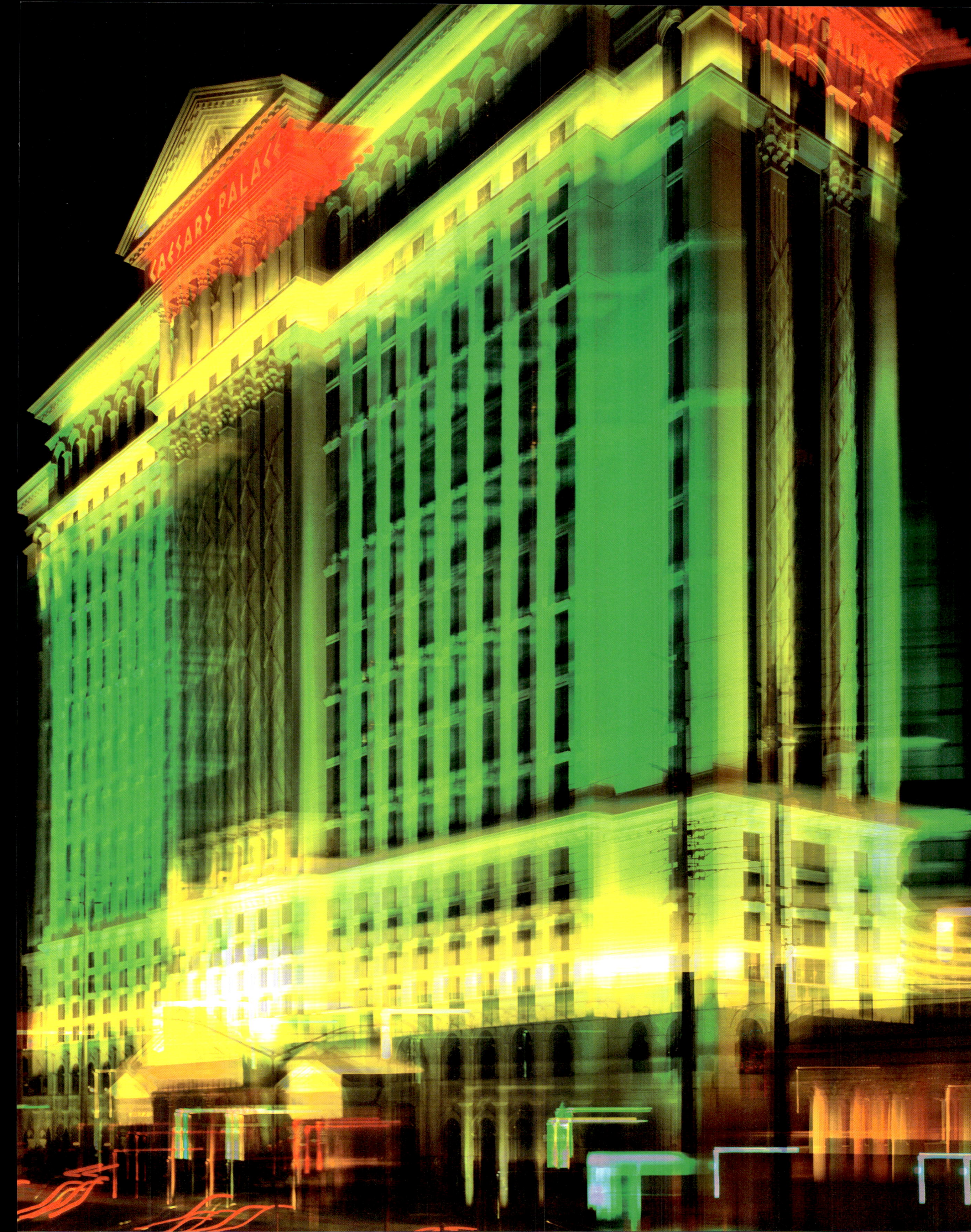
CAESARS PALACE

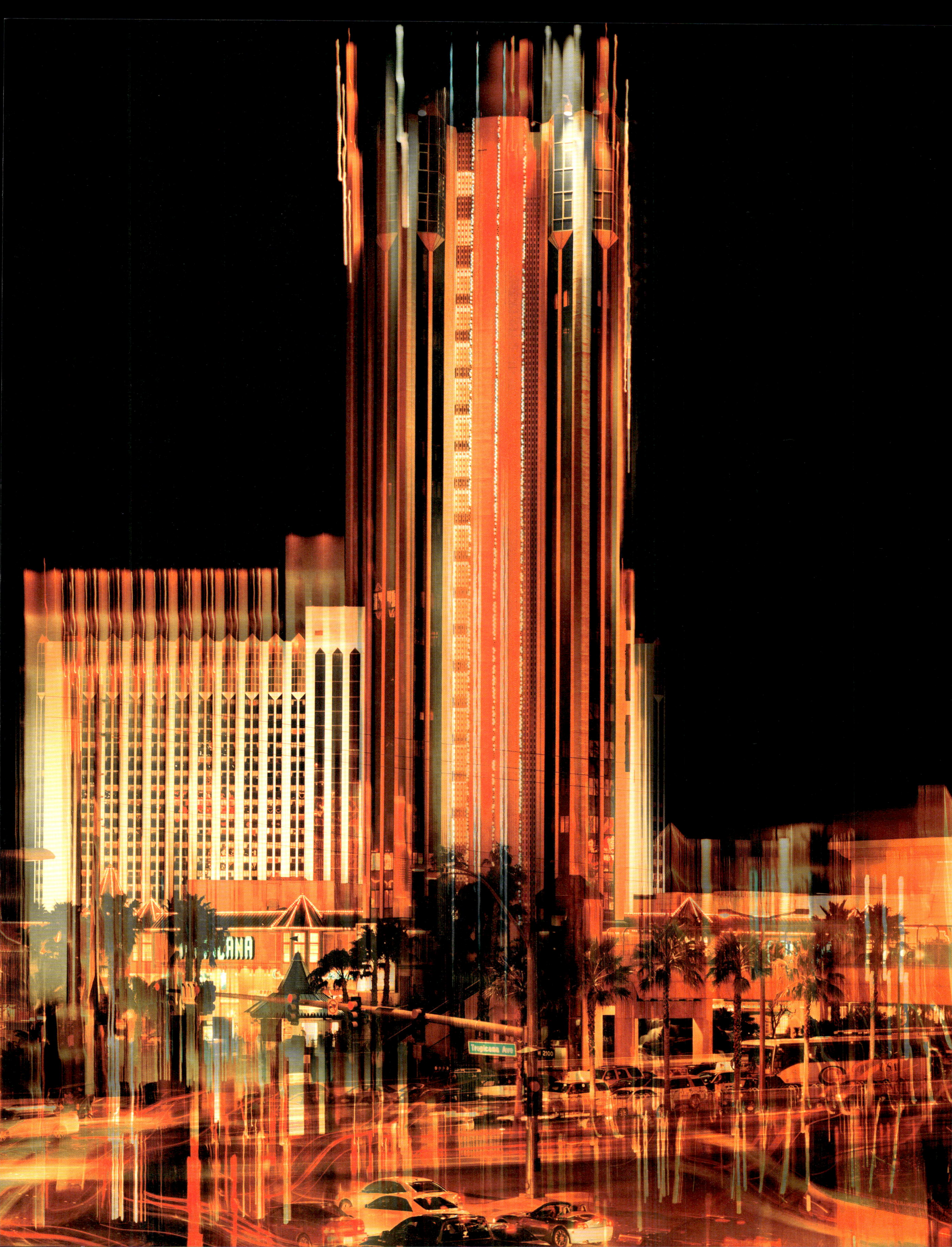
Tropicana Ave
W 2100

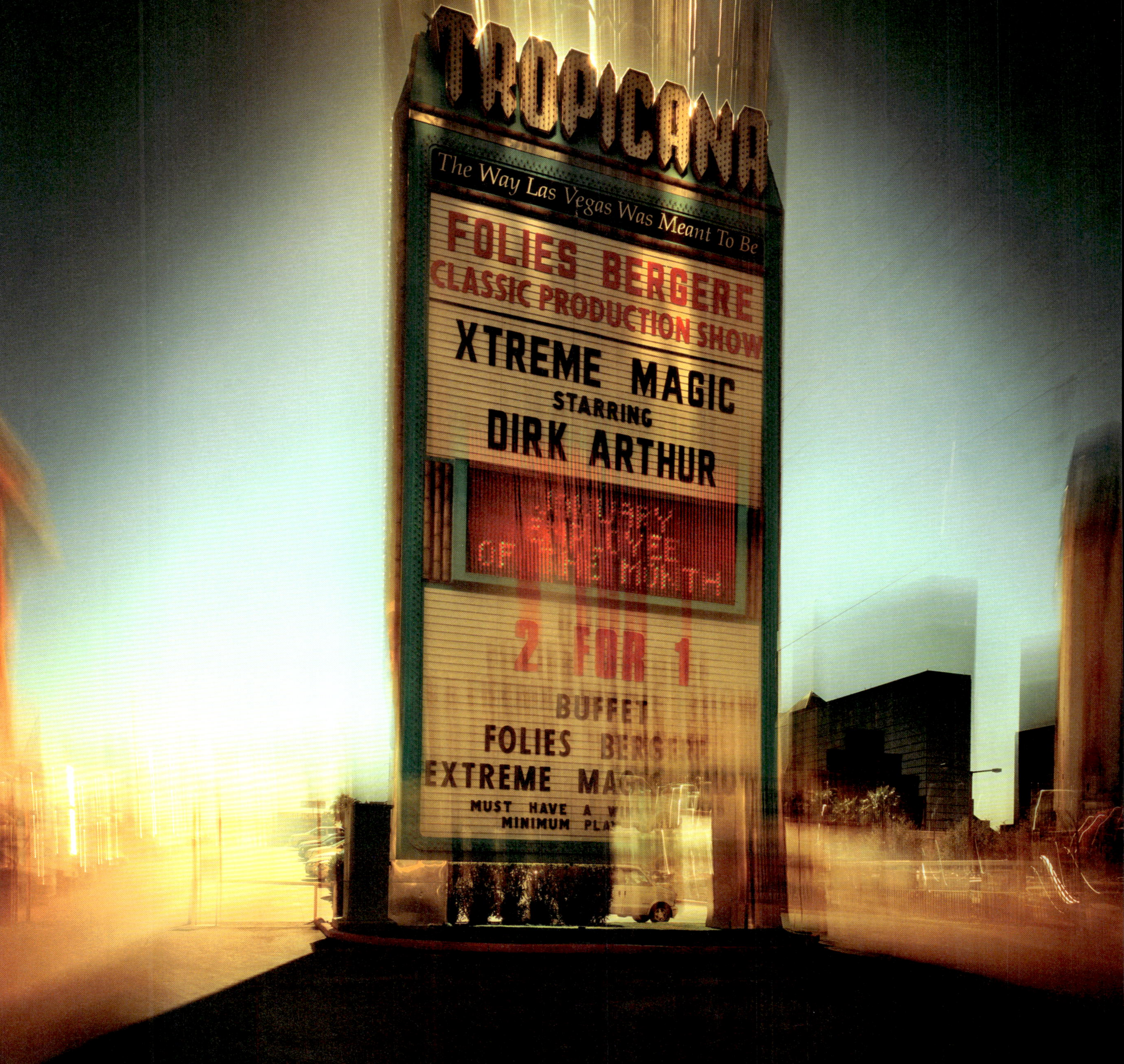
TROPICANA
The Way Las Vegas Was Meant To Be
FOLIES BERGERE
CLASSIC PRODUCTION SHOW
XTREME MAGIC
STARRING
DIRK ARTHUR
2 FOR 1
BUFFET
FOLIES
EXTREME
MUST HAVE A
MINIMUM

SUD

IL CAIRO

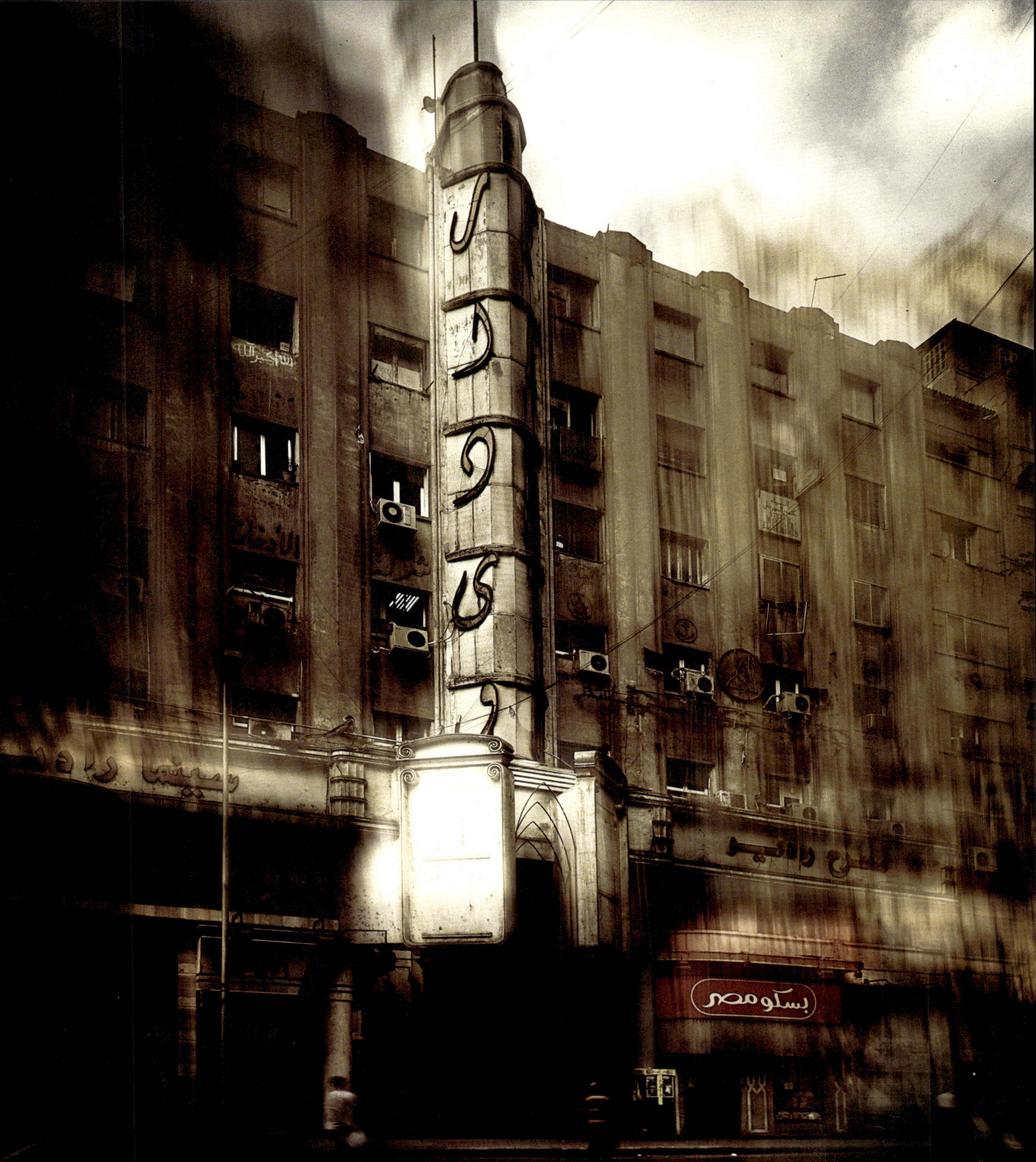
بسكو مصر

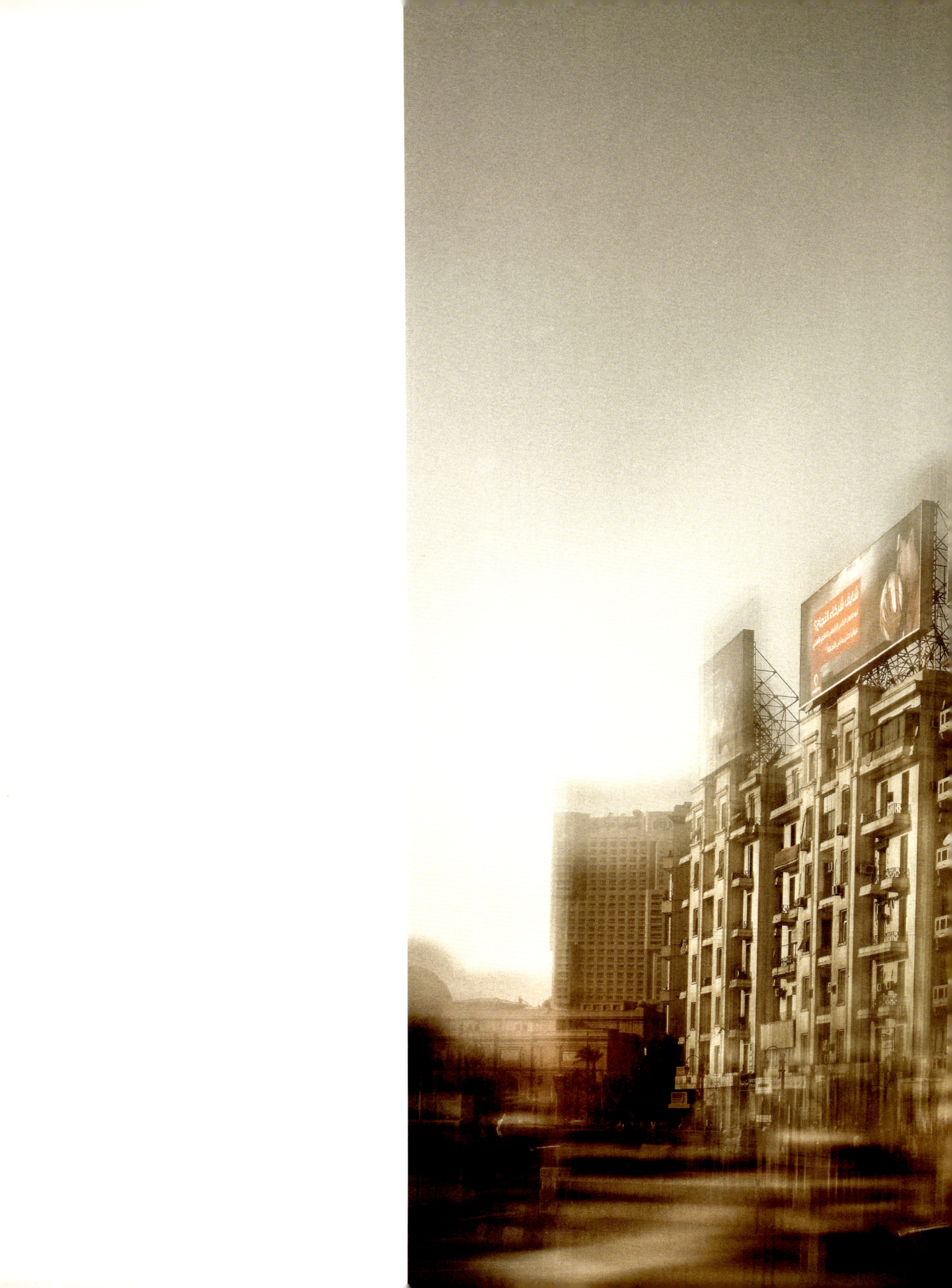

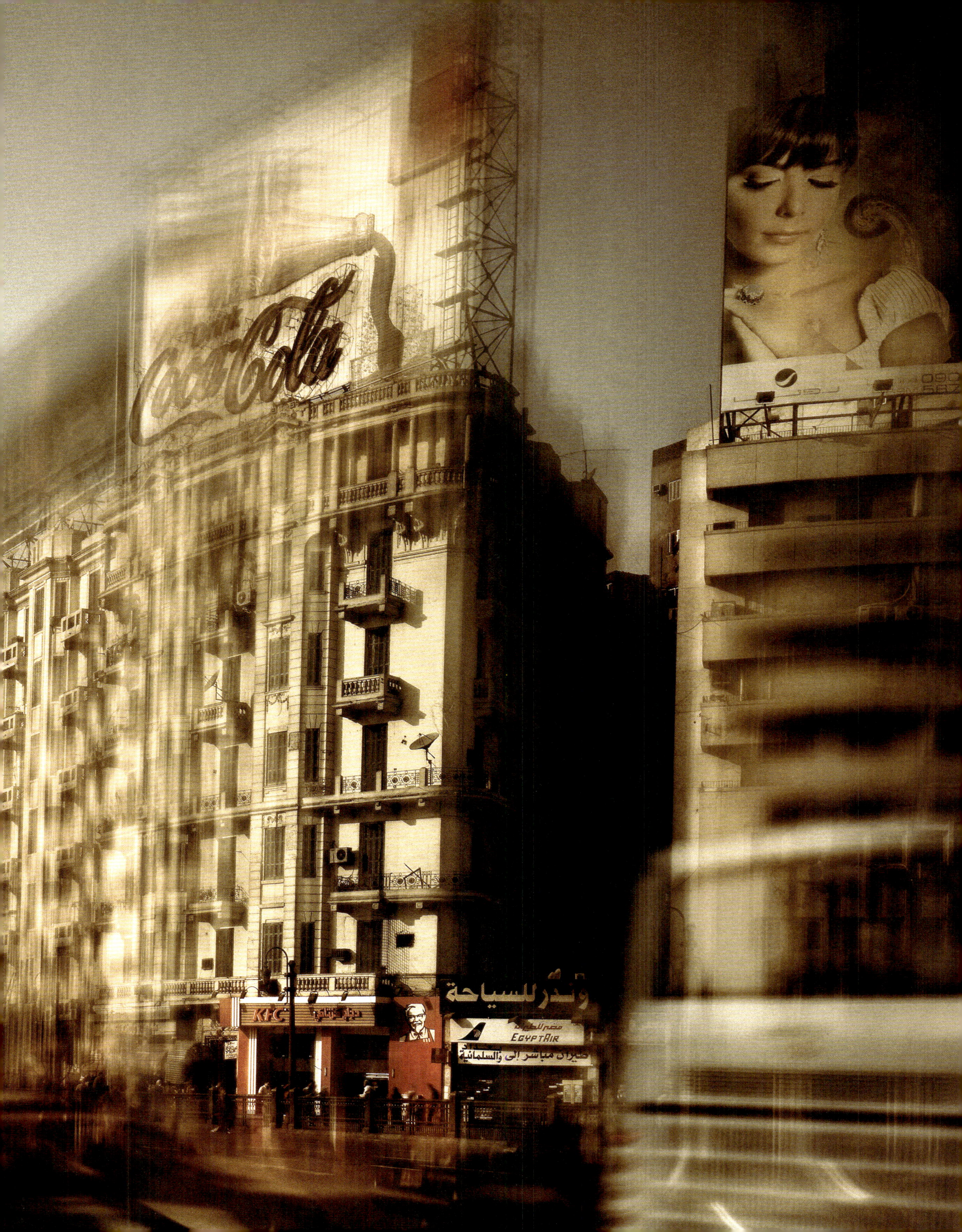

Coca-Cola
KFC
دجاج كنتاكي
للسياحة
مصر للطيران
EGYPTAIR

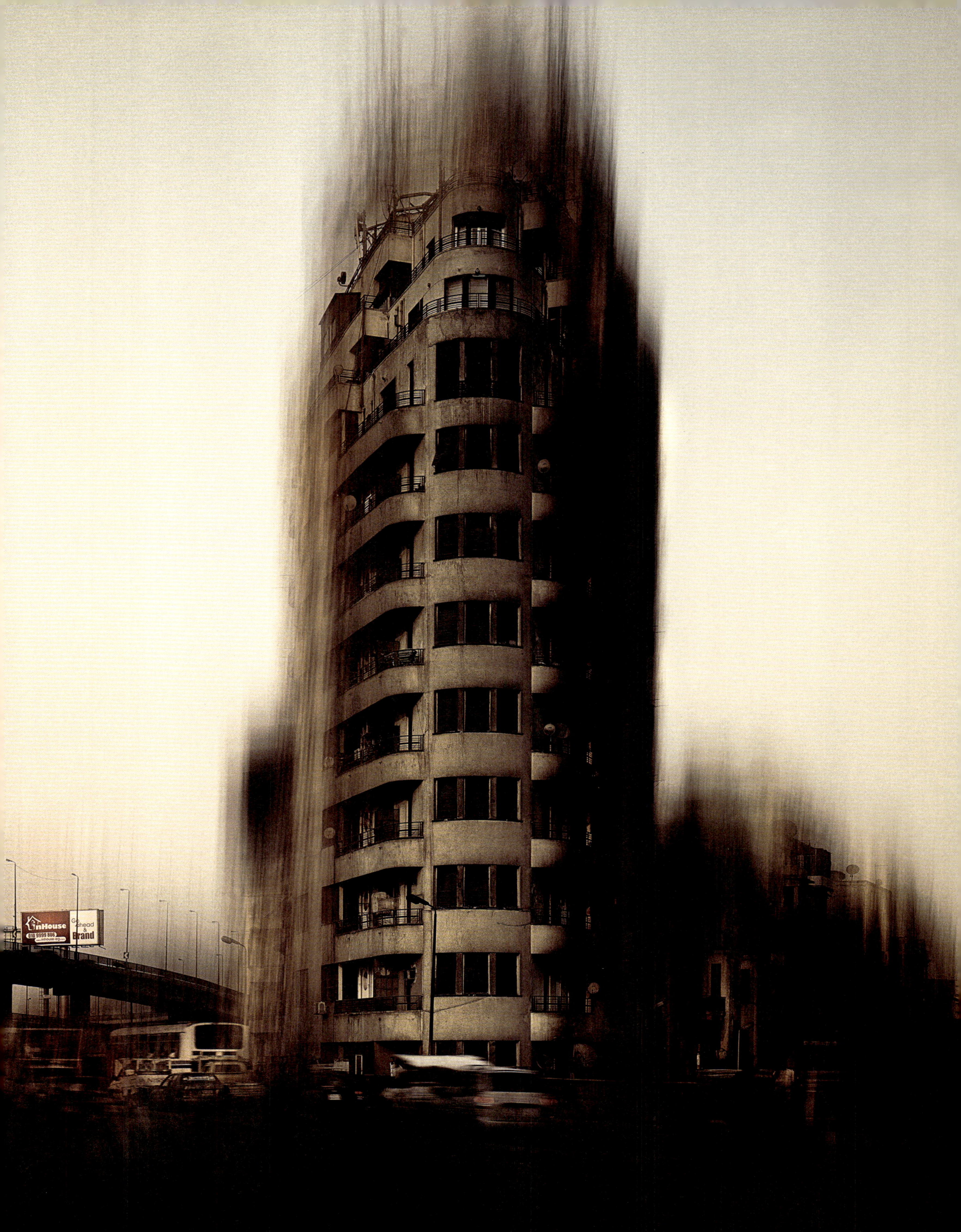
InHouse
010 9999 806
www.inhouse-eg.com
Go ahead & Brand

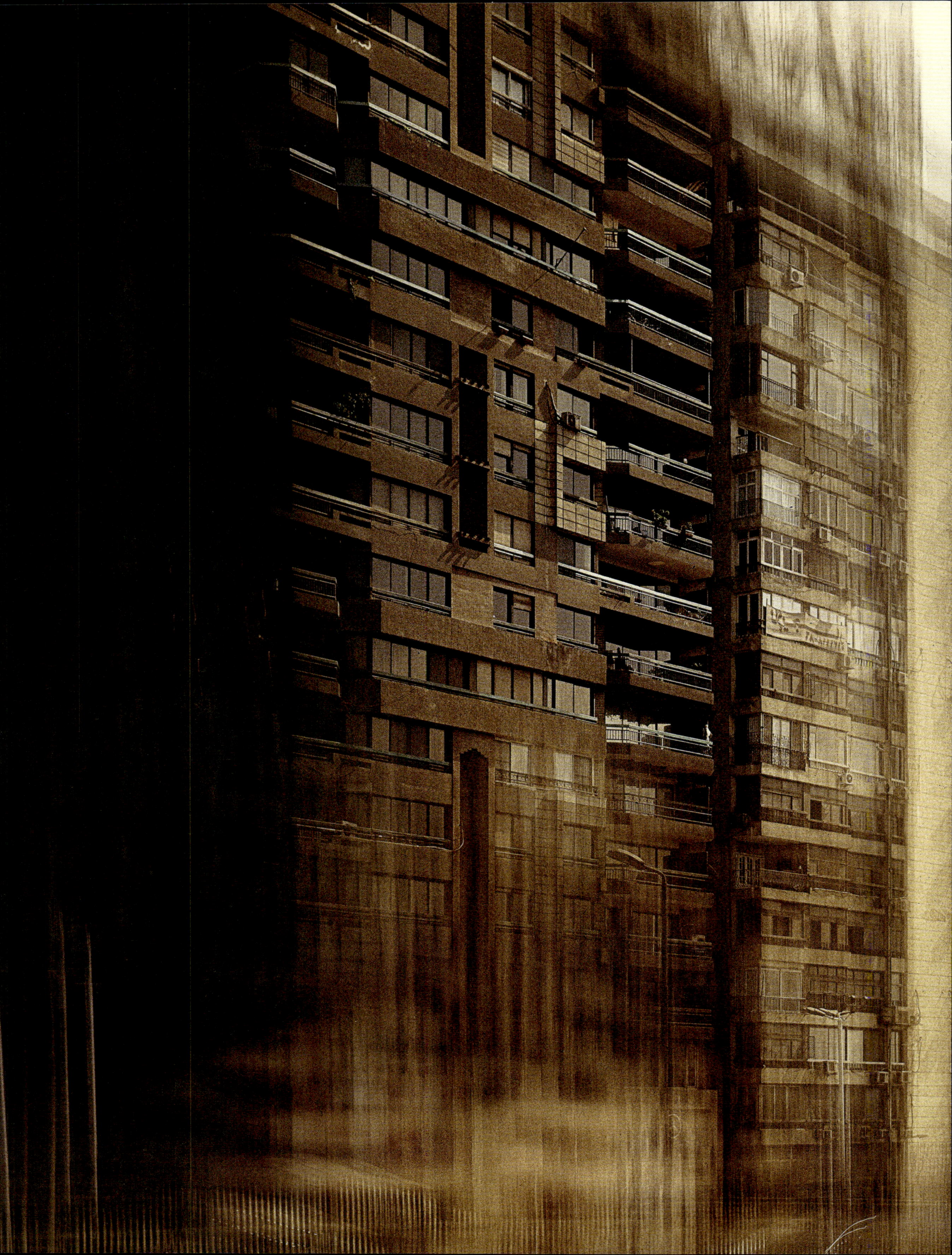

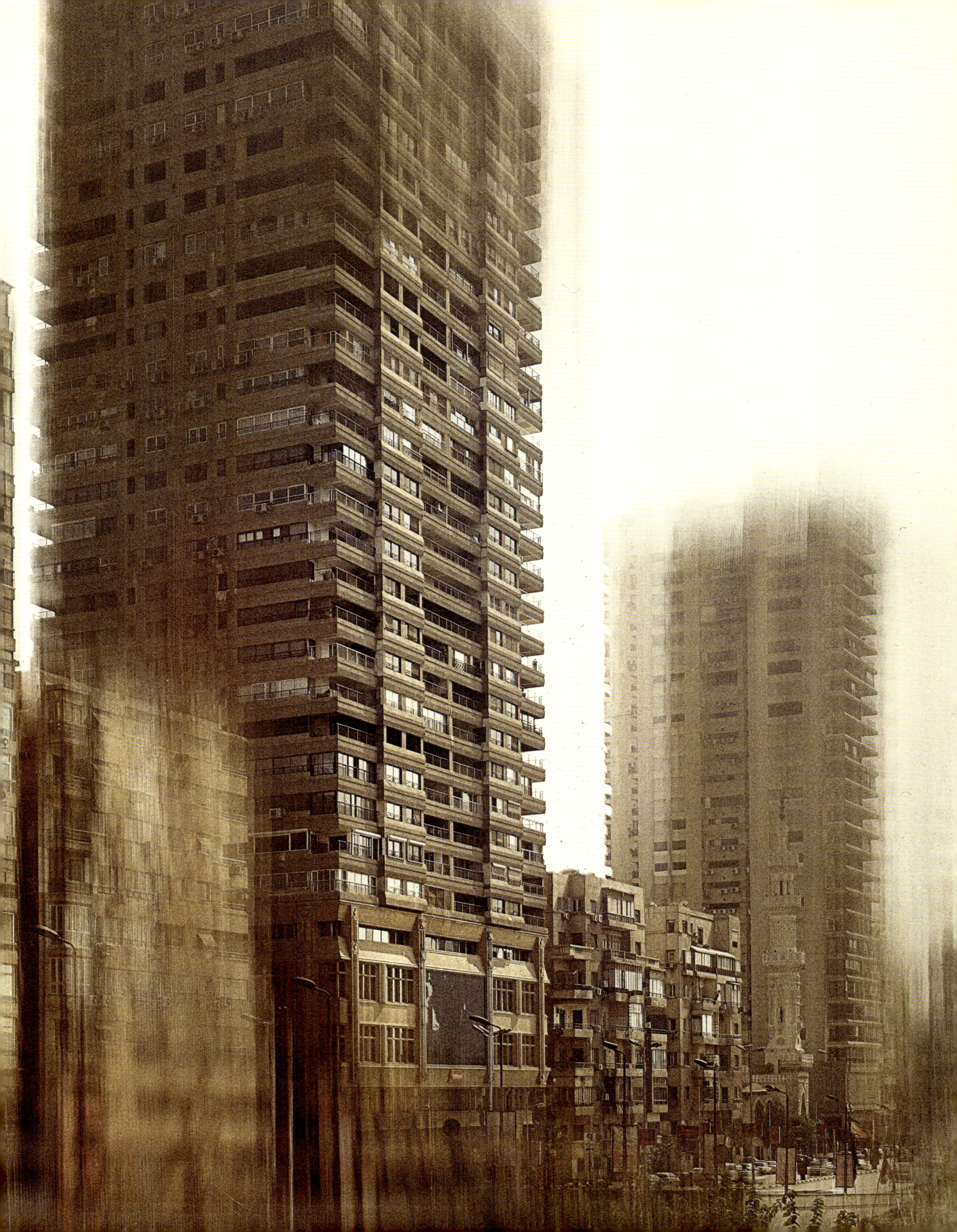

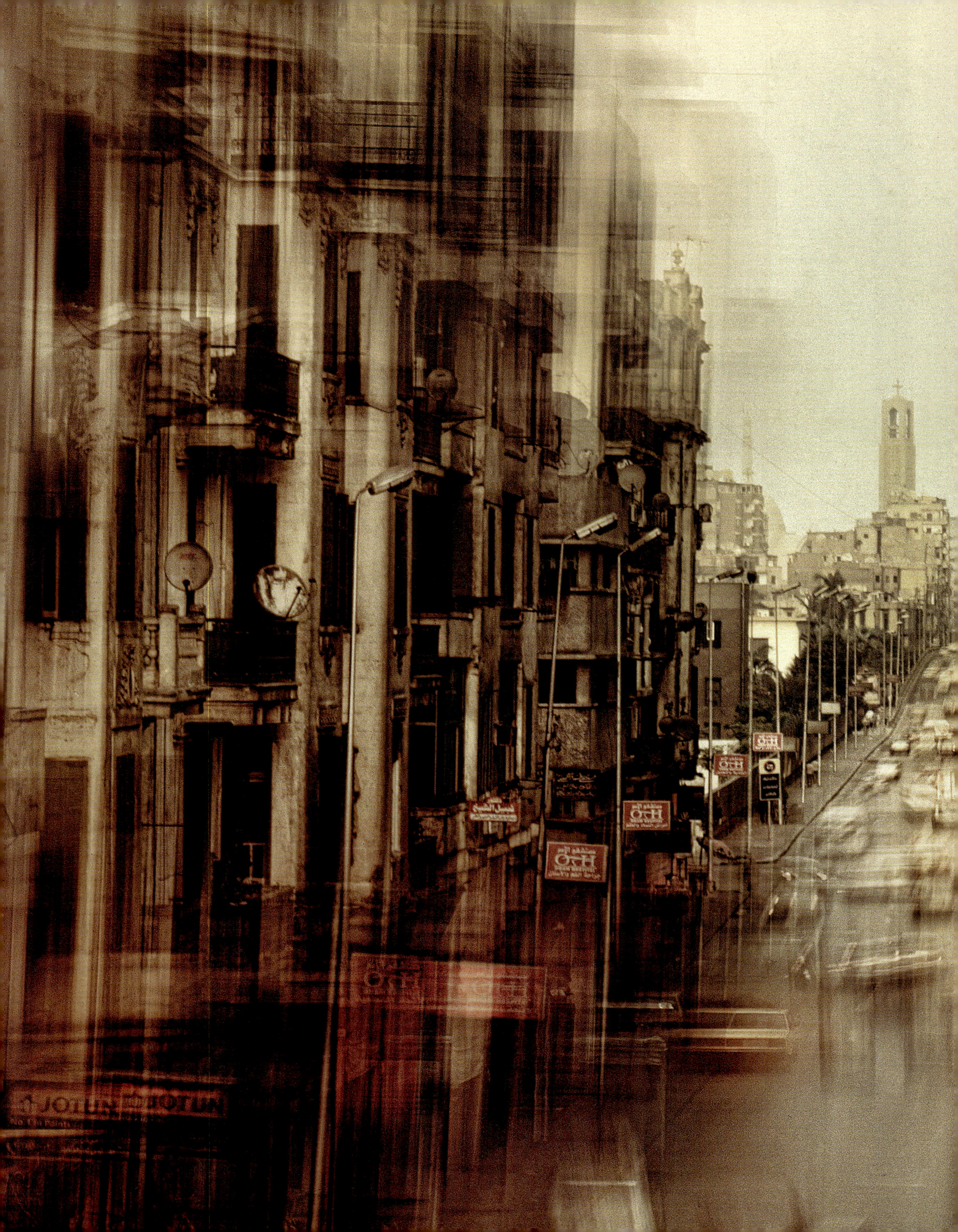
JOTUN
JOTUN

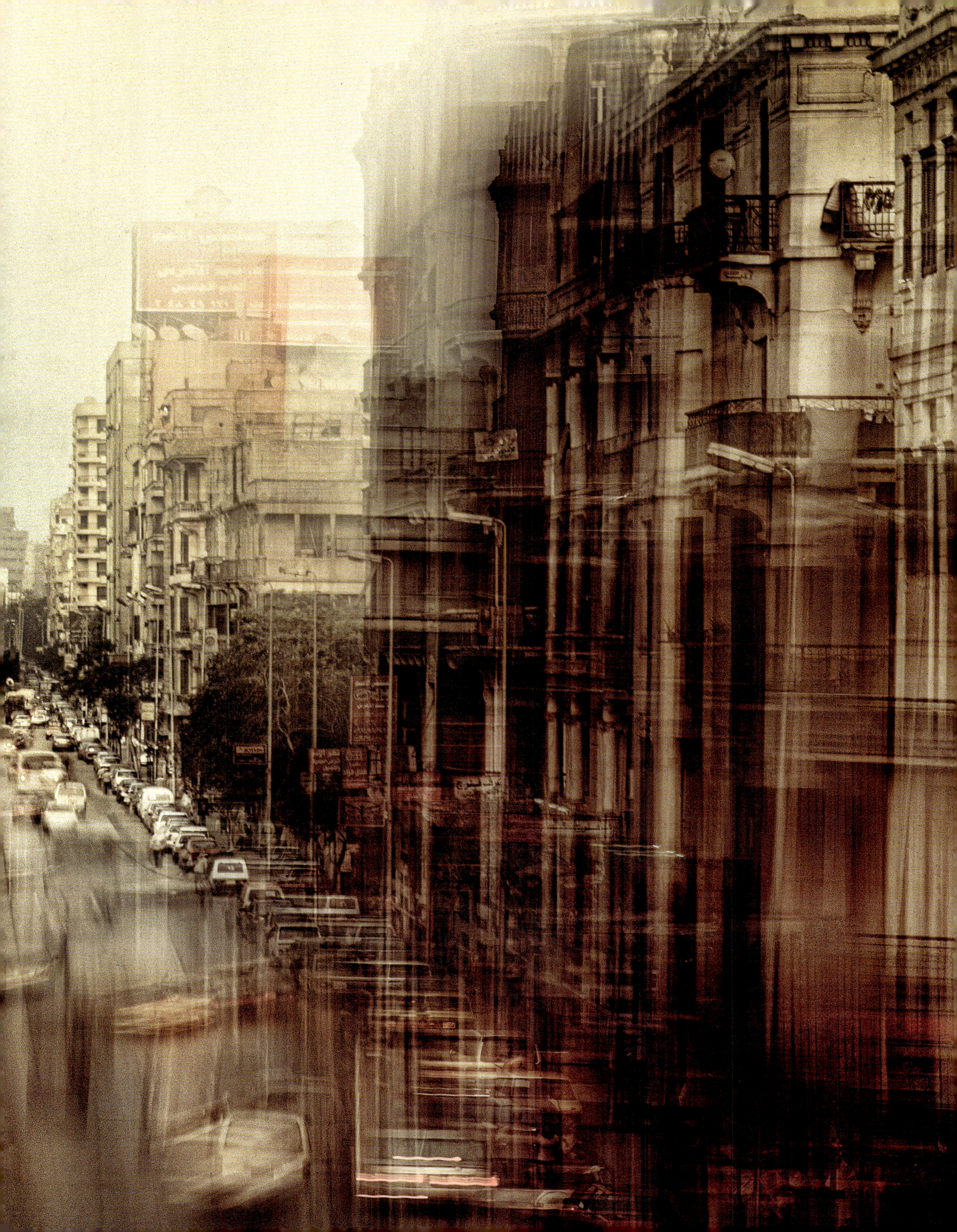

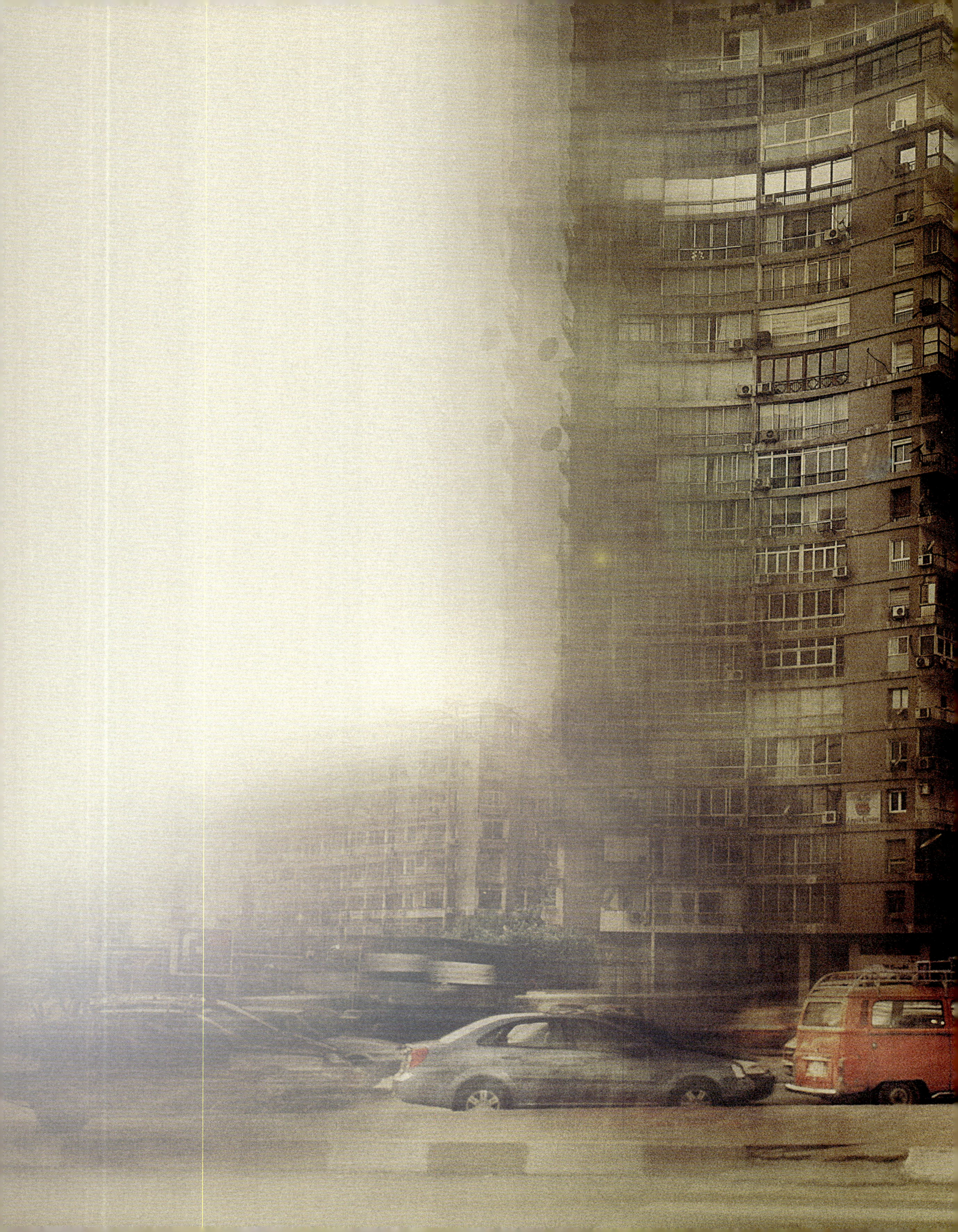

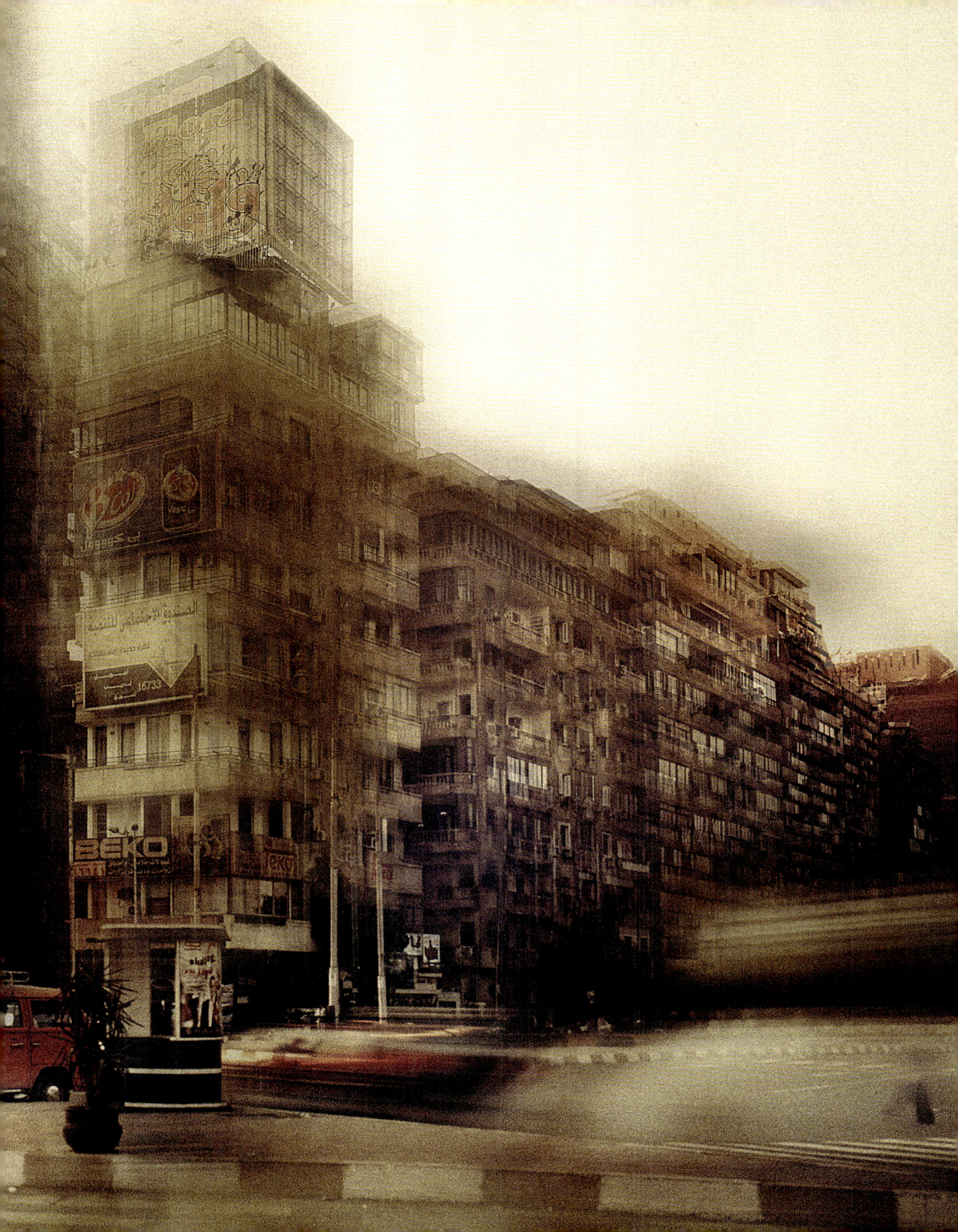
BEKO
16733

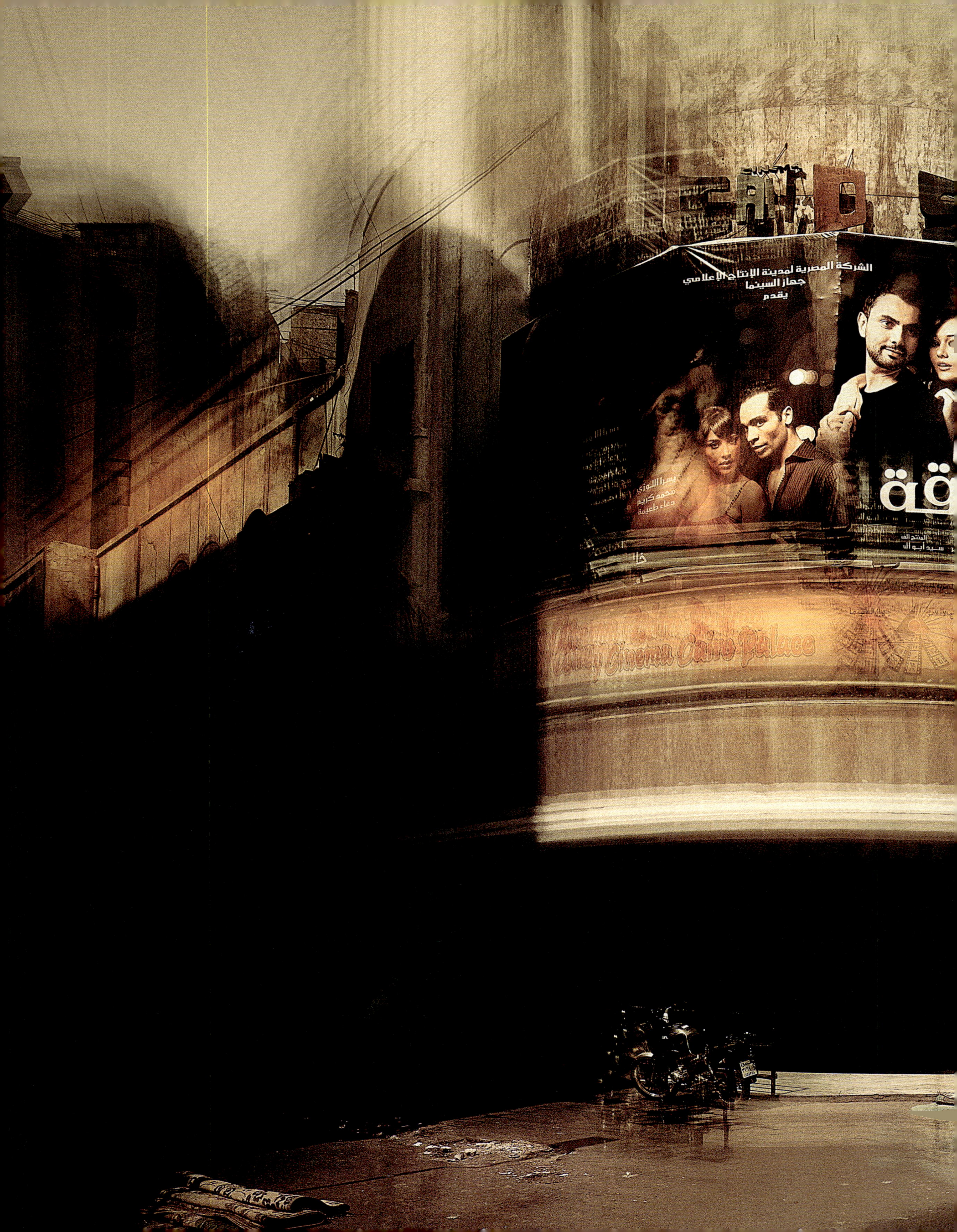
الشركة المصرية لمدينة الإنتاج الإعلامي
جهاز السينما
يقدم
يسرا اللوزي
محمد كريم
دعاء طعيمة
Cinema Cairo Palace

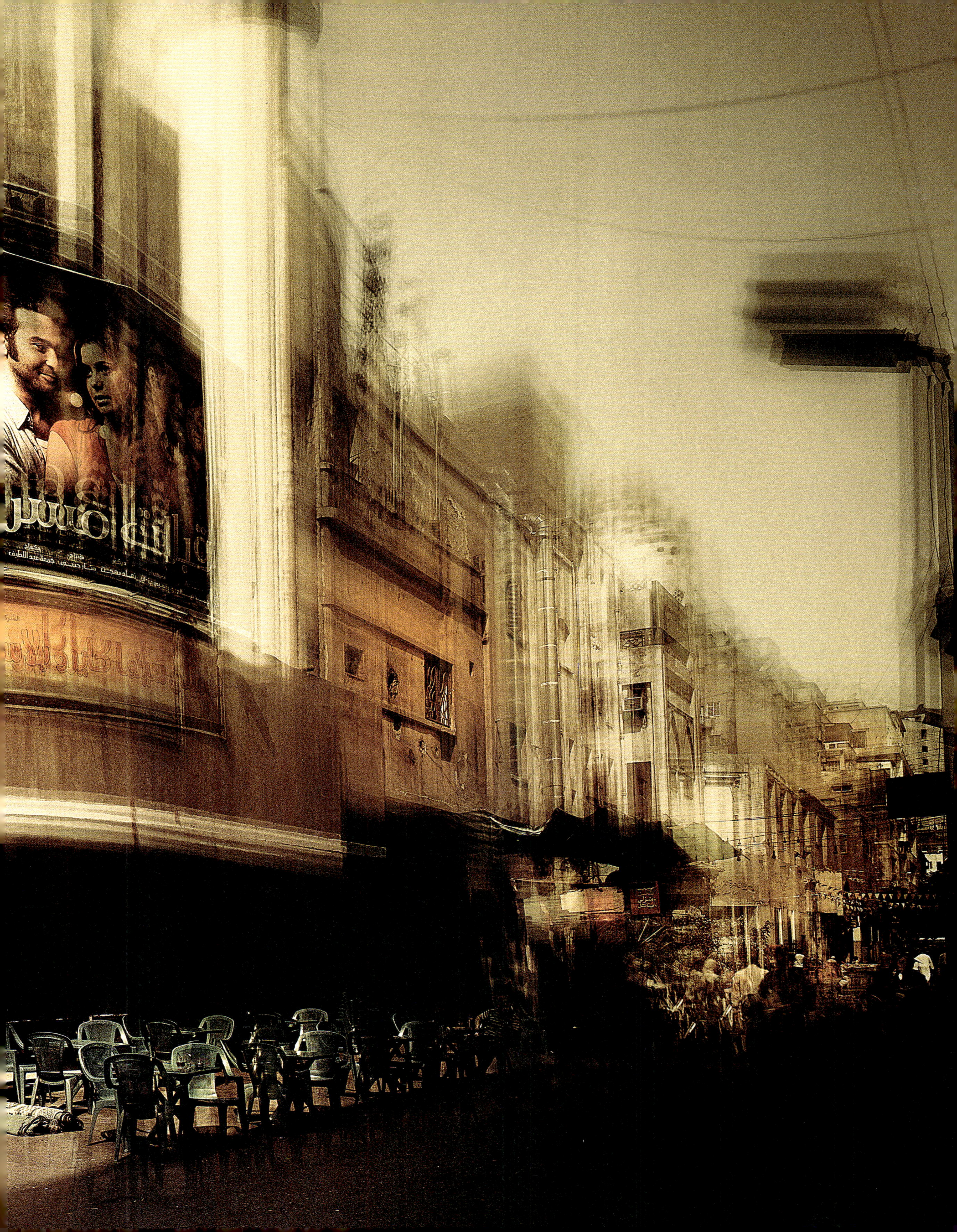

EST

HONG KONG

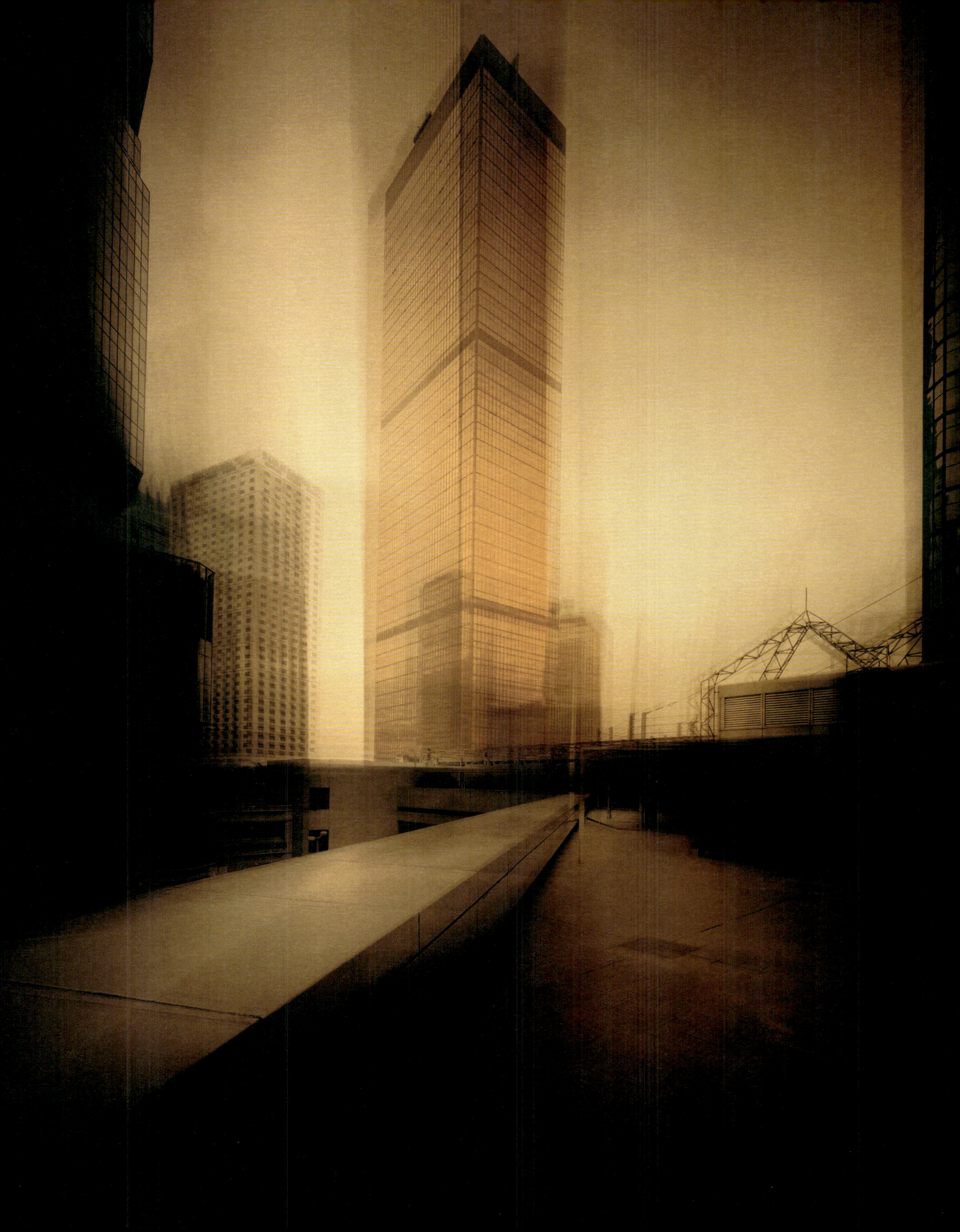

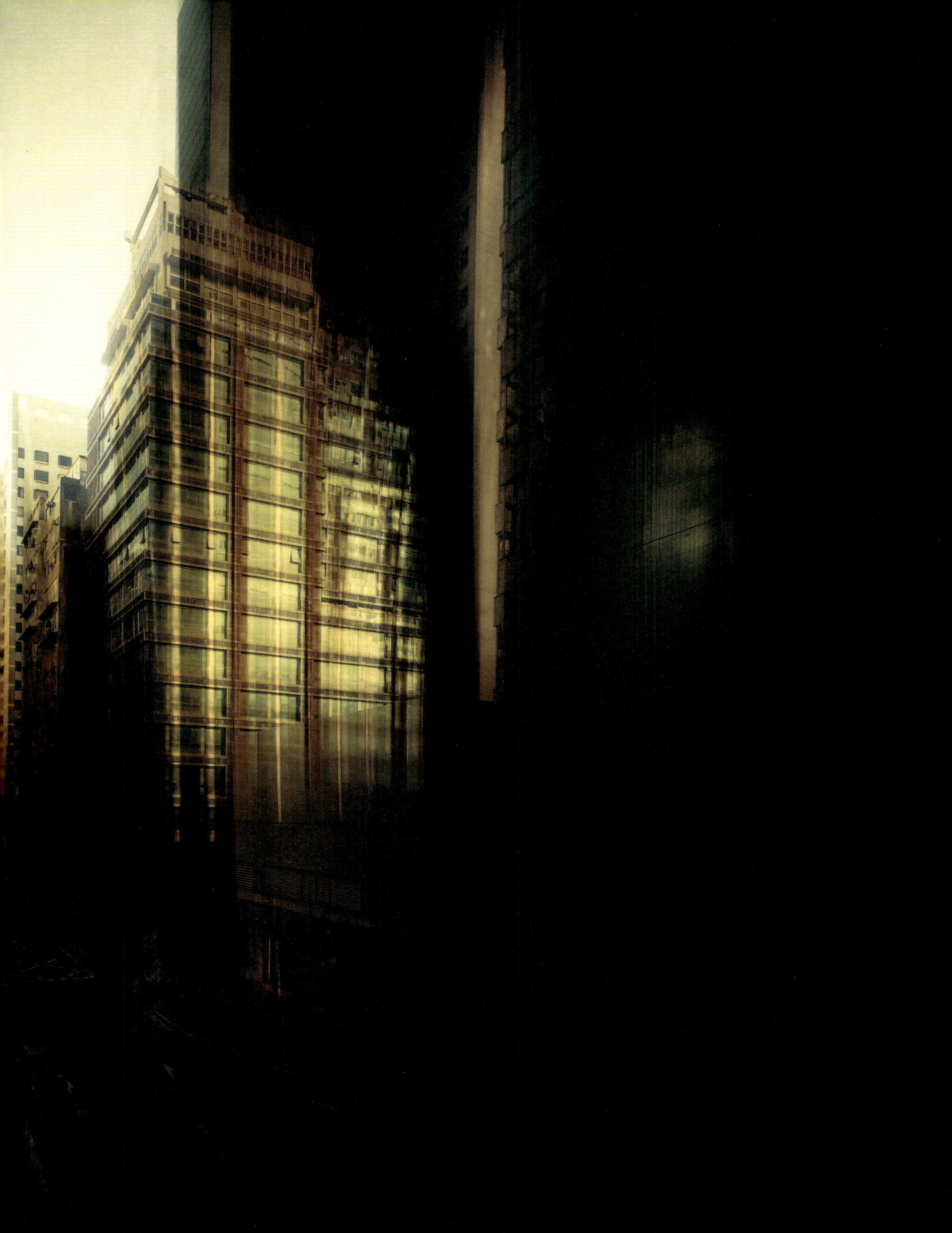

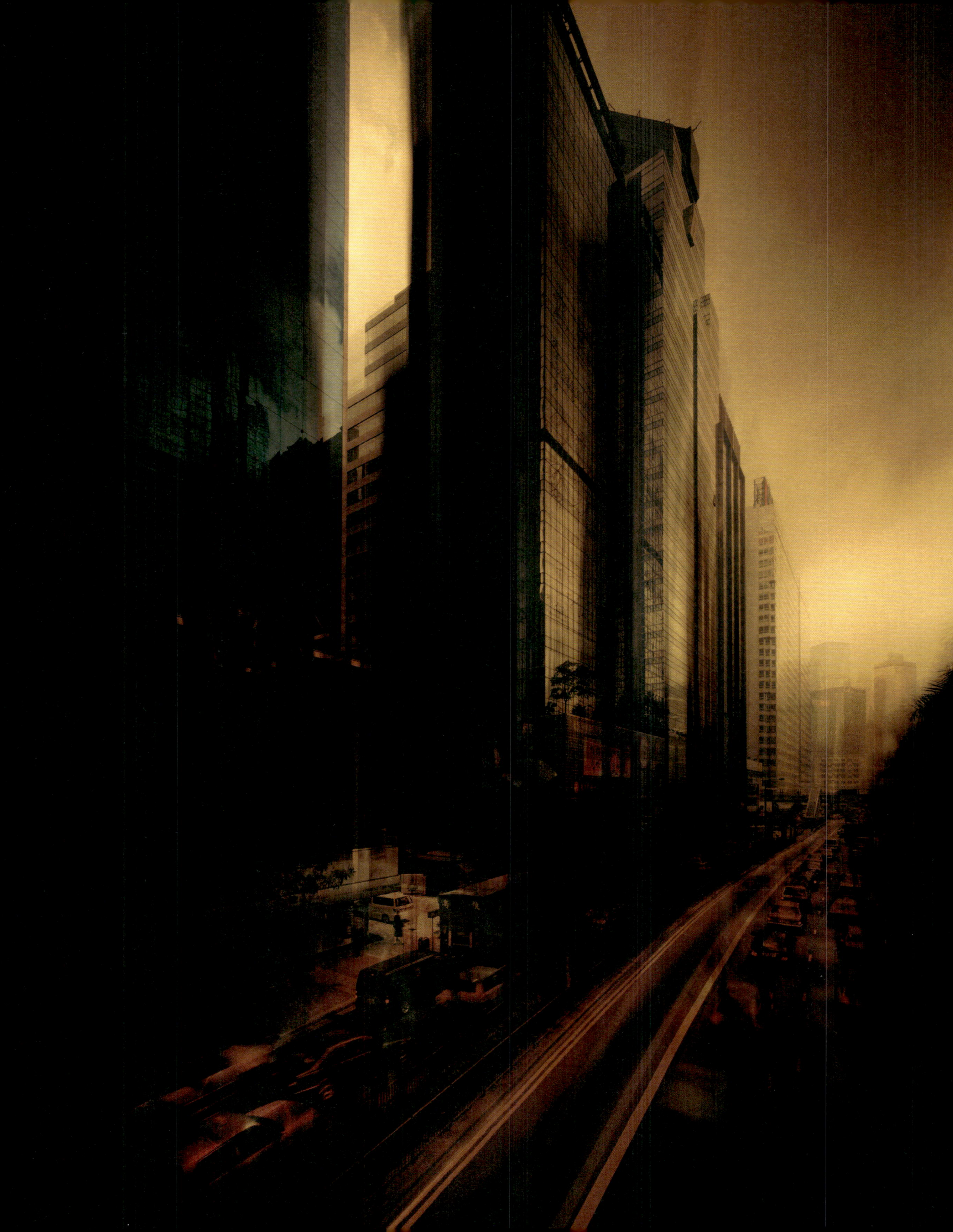

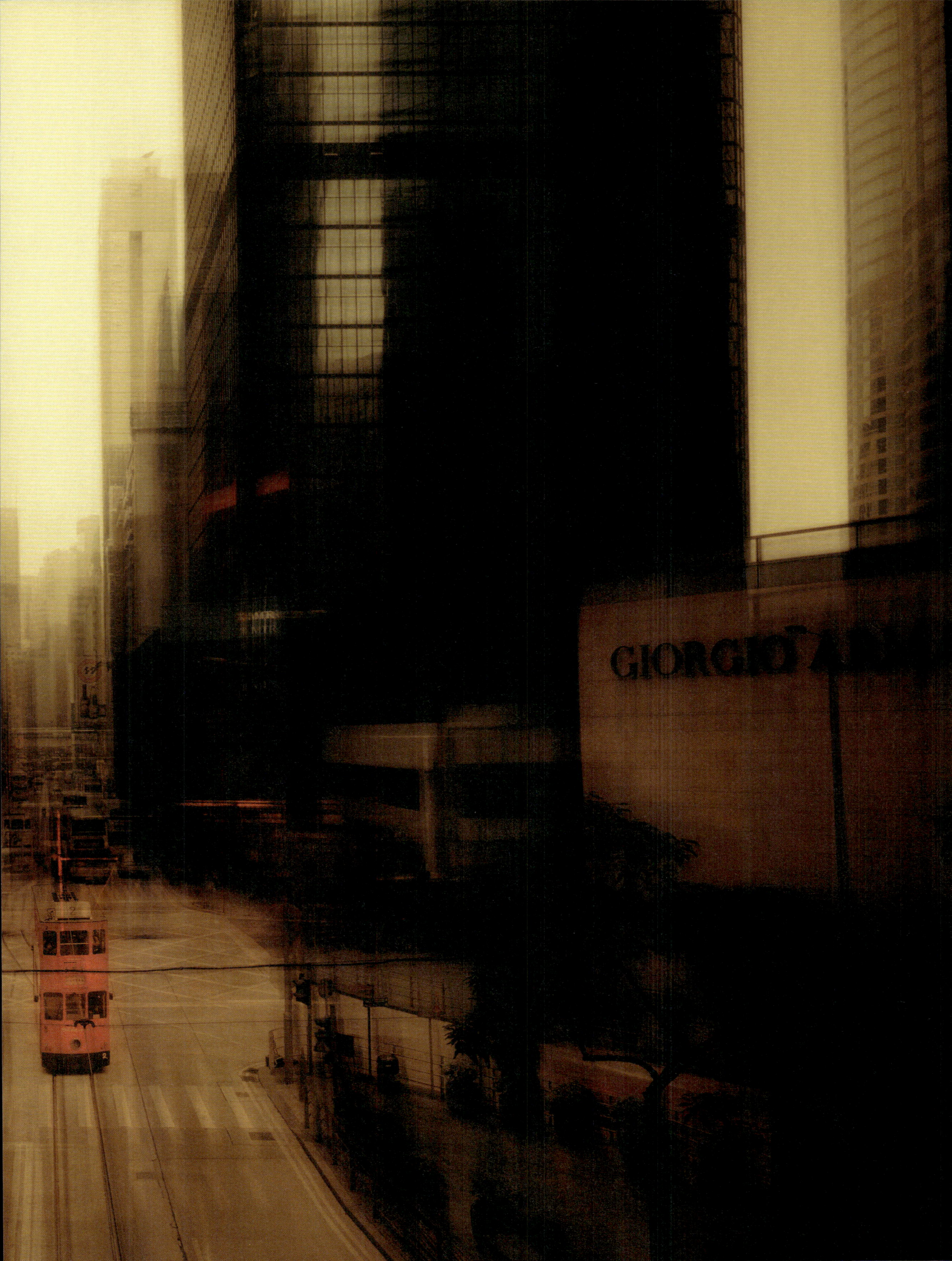
GIORGIO

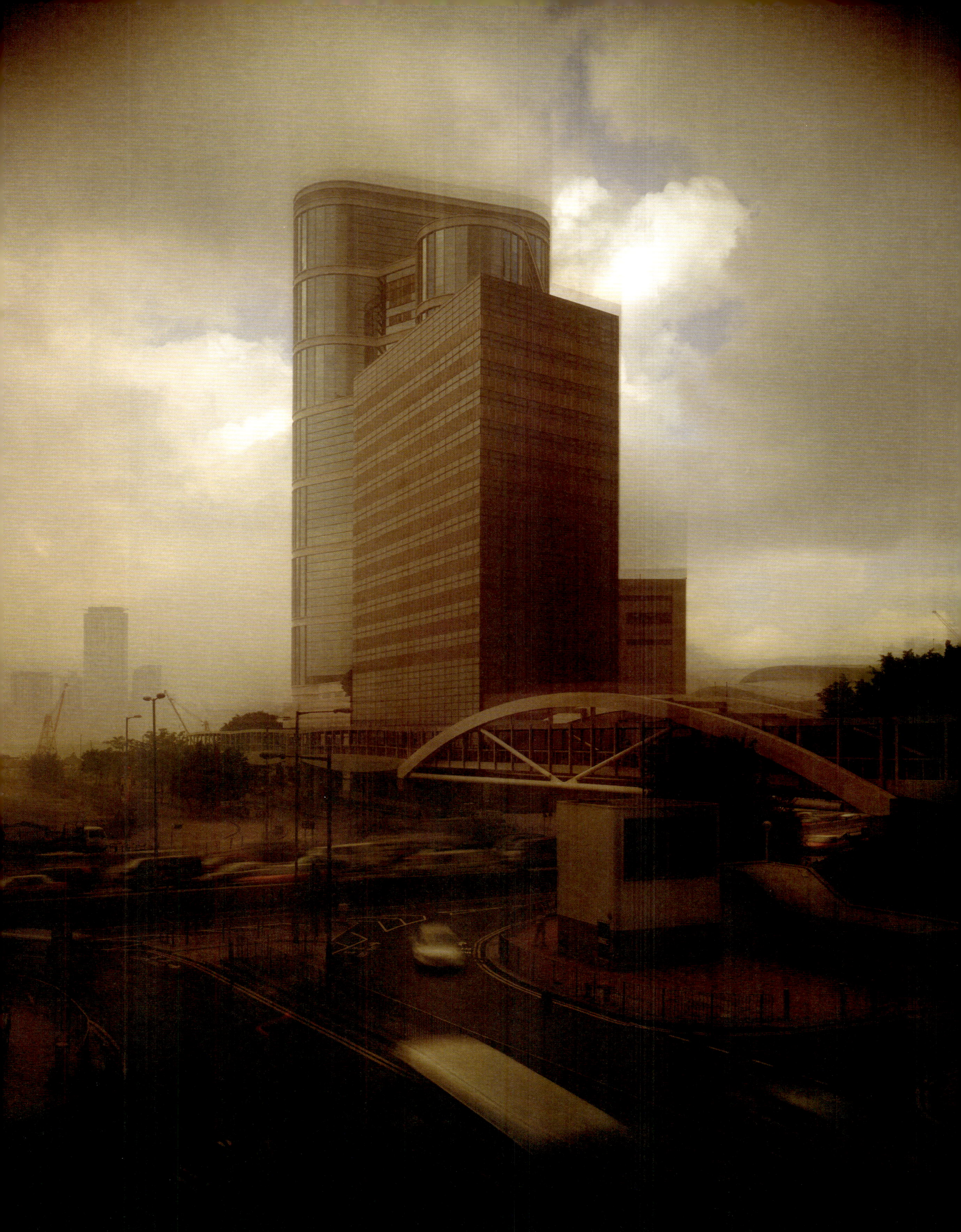

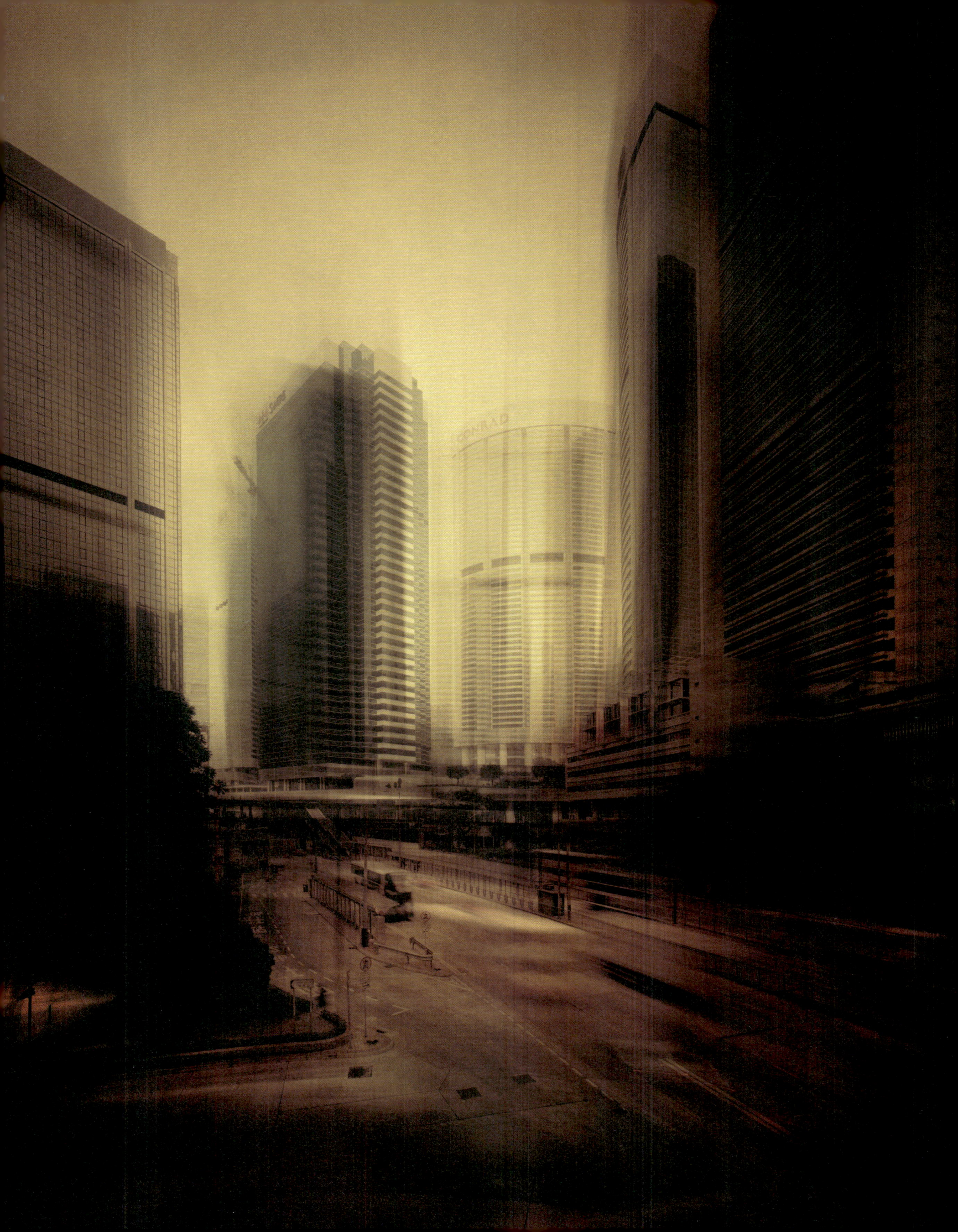
CONRAD

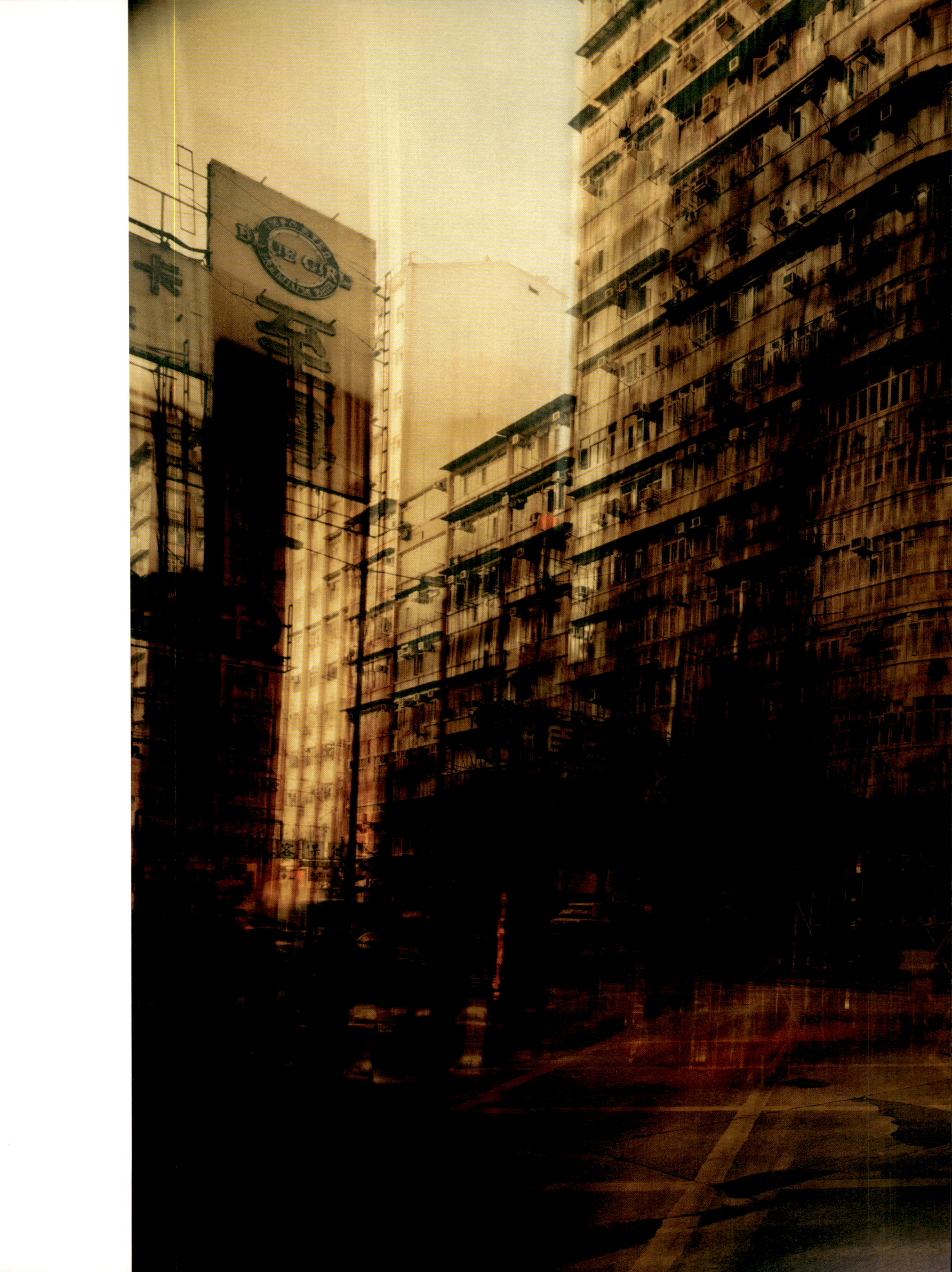
BLUE GIRL

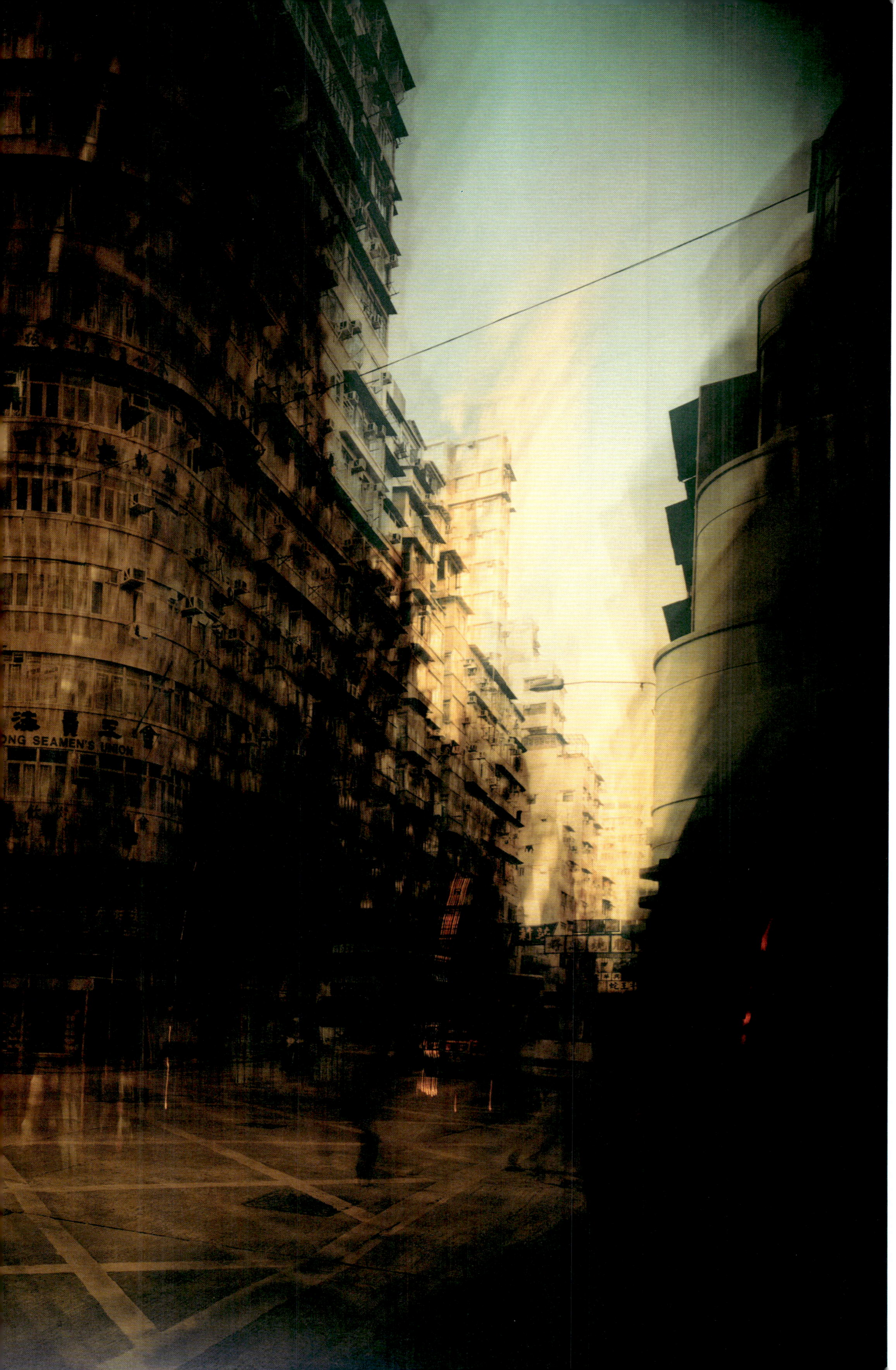
ONG SEAMEN'S UNION

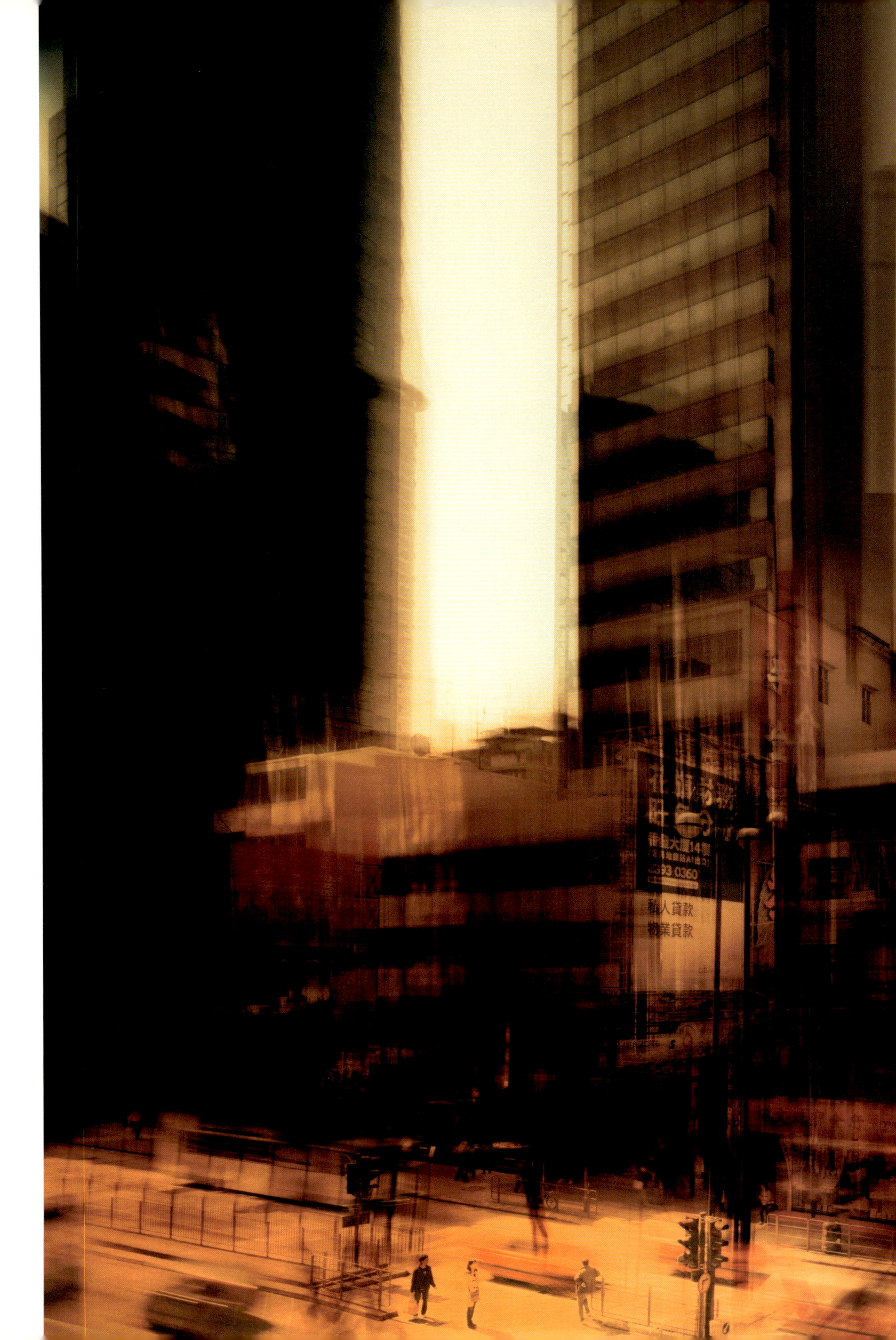
私人貸款
物業貸款

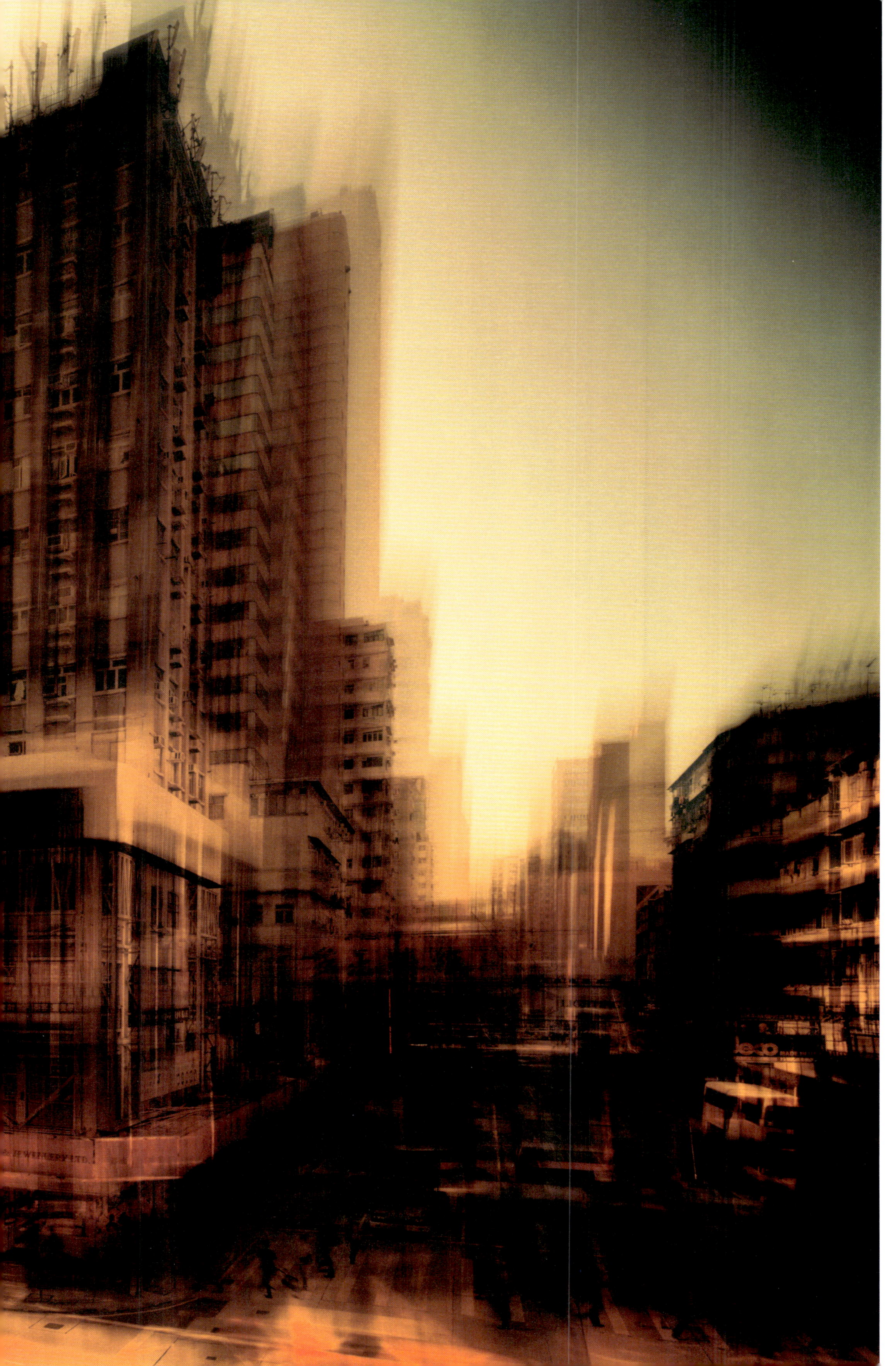

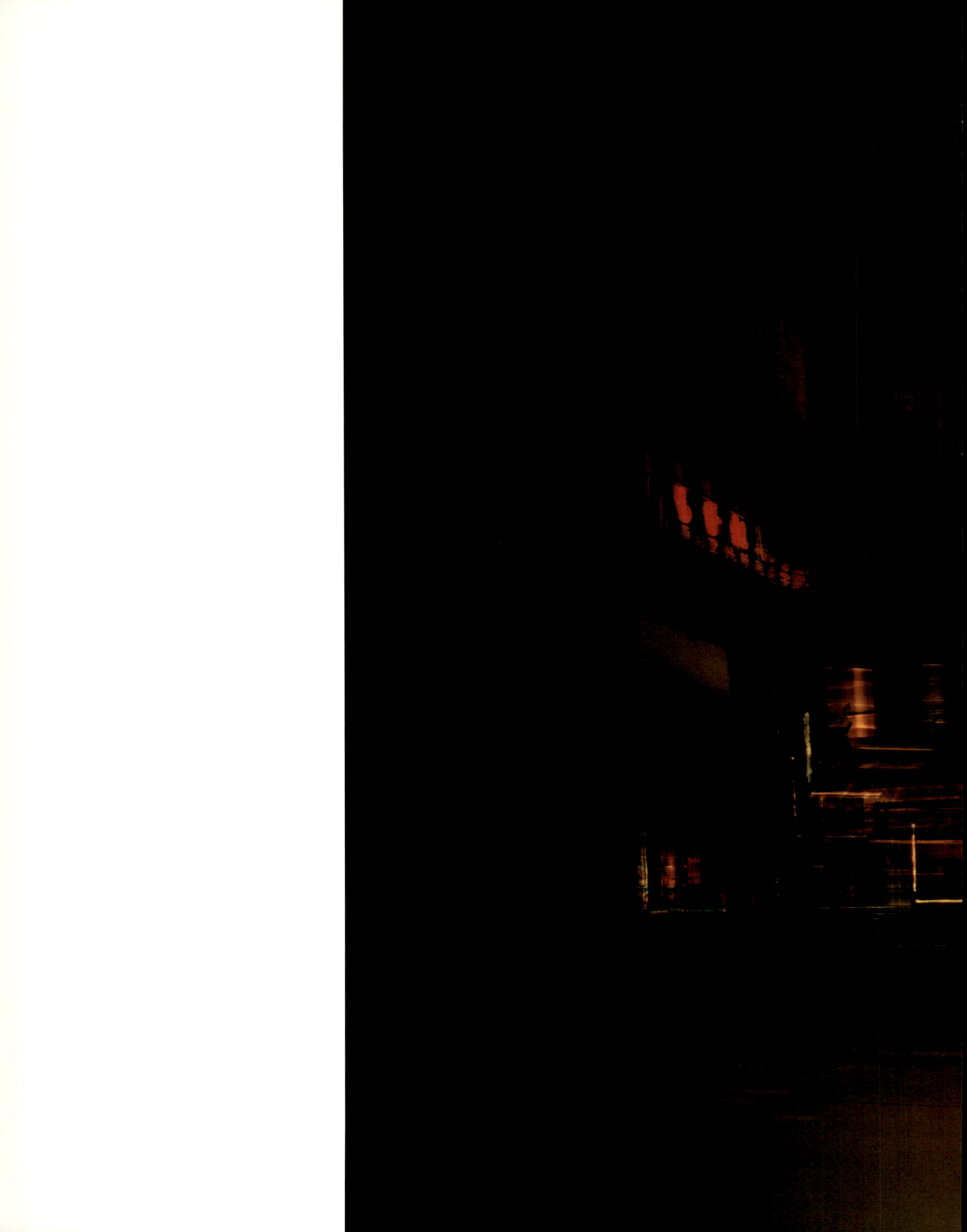

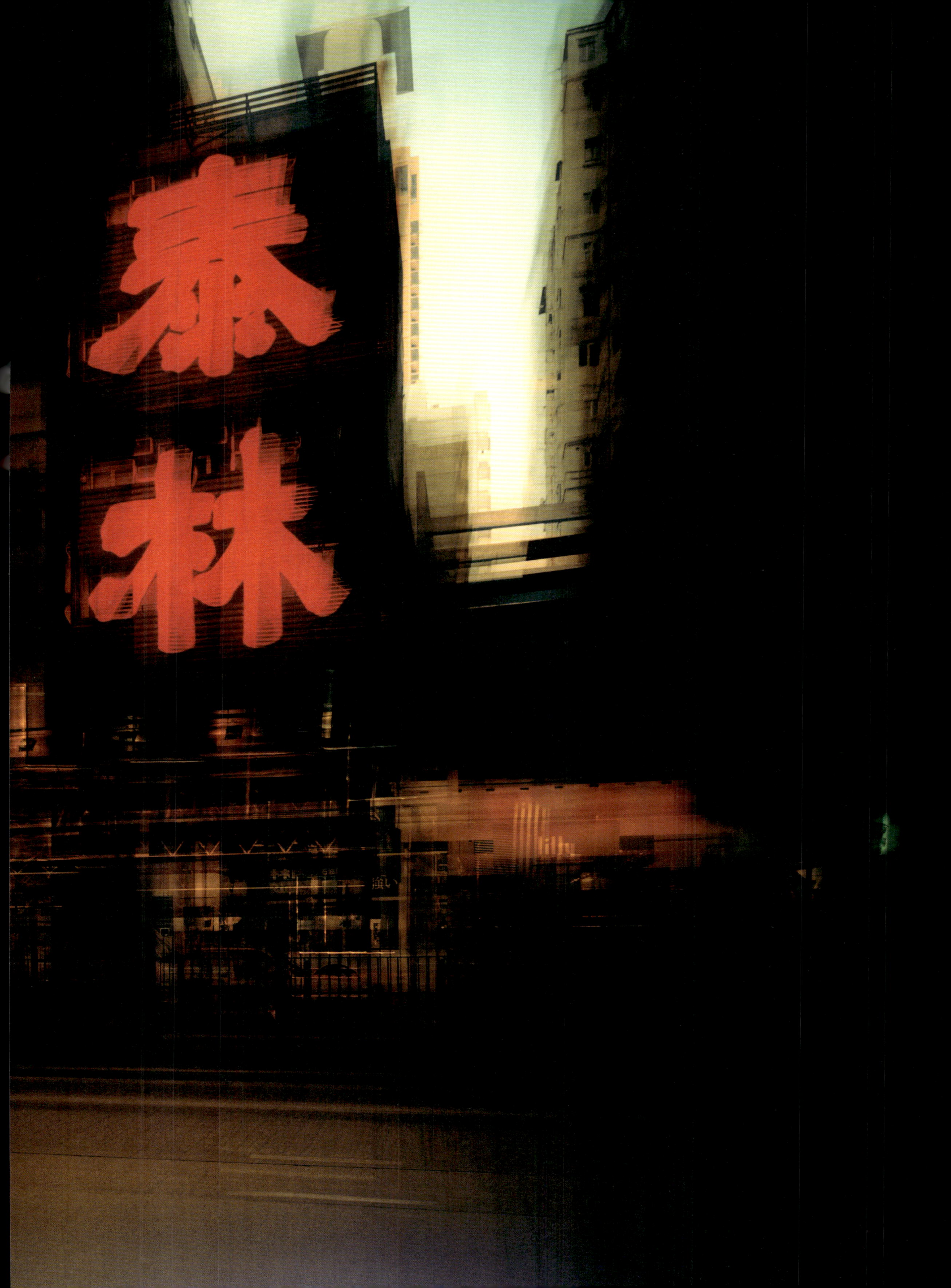
泰林

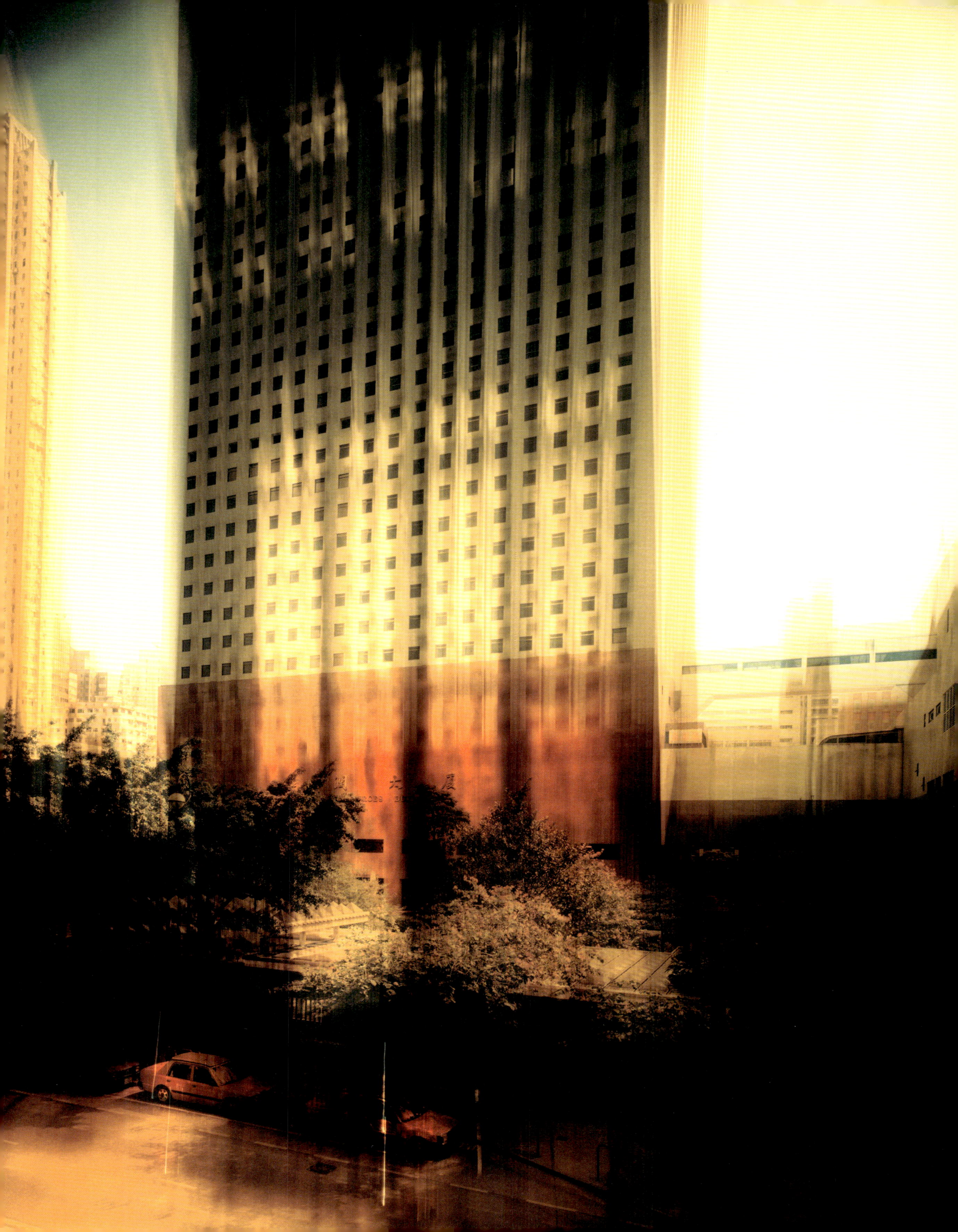

Biografia

Nato a Firenze nel 1965, inizia a interessarsi alla fotografia all'età di 13 anni, grazie al padre fotografo. A 17 anni, mentre studia all'Istituto d'Arte di Firenze, inizia le prime ricerche fotografiche in bianco e nero. Vince nello stesso anno il premio come migliore immagine, assegnato dalla regione Toscana. Frequenta la facoltà di Architettura presso l'Università di Firenze, e in questi anni realizza alcuni reportages, che saranno pubblicati su importanti riviste italiane, tra cui *Panorama* e *L'Espresso*. Si avvia la sua sperimentazione, sempre in bianco nero su *still life* e città, e in questi anni si lega indelebilmente all'immagine in 4x5 con la sua Linhof, macchina sempre usata in tutti i suoi lavori. Lavora come assistente per *Life*, *Sport Illustrated*, a fianco di David Lees e Cristopher Pillitz. Dopo la laurea, nel 1996 si trasferisce a Milano dove incontra l'art director Felice Perini che lo spinge verso la ricerca e la sperimentazione a colori. Dal 1999 inizia a collaborare con diverse riviste: *Vogue, Cosmopolitan, Elle, Velvet, Elle Decor UK, Elle Russia* attraverso cui riesce a farsi conoscere e a firmare contratti che gli faranno curare le campagne di alcuni importanti brand di moda, quali Etro, Fay e molti altri. Nel 2005 riprende la ricerca sulle città, che culmina nella sua prima monografia *Views*, pubblicata nel 2007 da Damiani. I suoi lavori sono stati esposti dal 1982 in gallerie private e sedi pubbliche in Italia e all'estero, tra cui Parigi, New York, Stoccarda. Nel 2007 avvia una nuova ricerca intitolata *Cardinal points* che espone durante il mese della fotografia a Roma nel 2008, alla Biennale di Architettura di Torino e all'Auditorium di Roma nel 2010. Collabora con la rivista *Wallpaper* e con la Galleria Bugno di Venezia. In quest'ultimo periodo, il lavoro di ricerca di Garuti si sta sviluppando in relazione alla commistione tra pittura e linguaggio fotografico che si traduce tecnicamente trasferendo delle immagini riprodotte su carta e gesso.

Biography

Born in Florence in 1965, Andrea Garuti began to take an interest in photography at the age of thirteen, thanks to his photographer father. At the age of seventeen, while studying at the Istituto d'Arte in Florence, he began his first experiments with black and white photography. In the same year he won the prize for best photograph, awarded by the Region of Tuscany. He attended the Faculty of Architecture at the University of Florence while, at the same time, producing various reportages which would be published in important Italian magazines, including *Panorama* and *L'Espresso*. He began to experiment with still life and the city too. In those years he became permanently attached to the 4" x 5" image, using his Linhof, a camera with which he continues to do all of his work. He also worked as an assistant at *Life Sports Illustrated* alongside David Lees and Cristopher Pillitz. After graduating he moved to Milan in 1996. There he met art director Felice Perini, who encouraged him to study and experiment with colour. In 1999 he began to work with various magazines: *Vogue, Cosmopolitan, Elle, Velvet, Elle Decor UK* and *Elle Russia*, thus succeeding in making a name for himself and winning contracts which would enable him to handle the campaigns of important fashion brands, such as Etro, Fay and many others. In 2005 he started to work on the city once more, a project which culminated in his first monograph, entitled *Views*, published by Damiani. Since 1982 his works have been exhibited in private galleries and public venues in Italy and abroad, including Paris, New York and Stuttgart among many other places. In 2007 he began a new work, entitled *Cardinal Points*, which he exhibited during the month of photography in Rome in 2008, and at the Architecture Biennial of Turin and the Rome Auditorium in 2010. He also works with *Wallpaper* and with Galleria Bugno in Venice. Garuti's work has developed recently into an admixture of painting and photography, whose technique involves the transfer of images reproduced on paper and plaster.

Ringrazio tutte quelle persone che, con consigli o attenzioni hanno fatto si che questo libro trovasse la sua strada.
In particolare ringrazio la mia amata Elena per appoggiarmi nei miei percorsi, il mio caro amico Andrea per la sua disponibilità, il mio assistente Gianfranco per avermi seguito in questi viaggi, Joshua per i la sua lettura sempre particolaredei lavori che faccio e Andrea Albertini con il quale è sempre un piacere lavorare.
Ringrazio anche chi, in maniera non strettamente correlata al libro ha creduto e crede im me nell'ambito lavorativo tra queste persone, Livia Peraldo, Bettina Rosso, Marco Tiburzi, Cristina Puggina, Giulio Cappellini, Andrea Castelli, Silvia Robertazzi. Un grazie particolare a Vittoria.

I wish to thank all those who helped this book find its way by giving me their precious pointers and support.
I thank my beloved Elena for walking next to me in my wanderings, my dear friend Andrea for the gift of his time, my assistant Gianfranco for his professionalism during our working travels, Joshua for his personal views on my work, and Andrea Albertini with whom it is always a pleasure to work.
My gratitude also goes to those in my work circle who, although not directly connected to the production of this book, have believed in me. Among these, Livia Peraldo, Bettina Rosso, Marco Tiburzi, Cristina Puggina, Giulio Cappellini, Andrea Castelli, Silvia Robertazzi. And a special thank you to Vittoria.